왜 나는 사업부터 배웠는가

BUSINESS

왜 나는 사업부터
배웠는가

14억 빚에서 500억 CEO가 될 수 있었던 비결

송성근 지음

INSIGHT

다산
북스

이 책은 23세에 지인에게 빌린 500만 원으로 창업해 33세에 500억 자산가로 당당하게 일어선 젊은 CEO가 어떻게 위기와 절망의 순간들을 돌파했는지에 대한 모든 이야기를 담고 있다. 26세에 얻은 14억의 빚, 사채 유혹, 대표 위임, 갖은 모멸과 좌절을 이겨내고 정상에 올라선 한 남자의 소설을 뛰어넘는 기적 같은 현실이 생생하게 담겼다.

실업의 늪 속에 창업이 주목받고 있지만, 인큐베이팅 된 창업가들 중에 사업가로 성장해 성공했다는 소식을 접하기란 어렵다. 창업한 사람 중 70%는 시장에서 냉혹하게 퇴출당하고, 20%는 간신히 현상을 유지하고, 10%는 성공하며, 1%만이 넘볼 수 없는 차이를 만든다. 제로에서 1% 기업가로 발돋움한 젊은 CEO의 이야기를 담은 이 책은 기업을 경영하는 분은 물론 창업을 하는 분, 회사의 중책을 맡고 있는 분, 장차 자신만의 사업을 꿈꾸는 사람들, 그리고 진로 문제로 고민하는 학생에게도 냉혹한 사업의 현실과 마음가짐, 돌파력을 알고 키우는 데 힘이 될 것이다.

수많은 사람들이 인생에서 성공하지 못하는 이유는

기회가 문을 두드릴 때 뒤뜰에 나가 네잎클로버를 찾기 때문이다.

_월터 크라이슬러(Walter Chrysler, 크라이슬러 창립자)

실패를 두려워하지 않는 사람이
멀리 간다

인생을 살다 보면 누구나 크고 작은 실패를 겪게 됩니다. 누구도 피해갈 수 없습니다. 누구도 실패를 피해갈 수 없다면 빨리 겪어 인생의 자산으로 갖는 편이 좋습니다. 한 살이라도 어릴 때 겪는 실패는 기나긴 생애의 값진 자산이 됩니다. 그때 겪는 실패는 이후에 어떤 시련이 닥쳐와도 굳건하게 이겨낼 수 있는 인생의 든든한 힘이 되어 줍니다.

제가 젊은이들을 만나면 자주 하는 이야기가 두 가지 있습니다. "간절하게 꿈꾸고, 뜨겁게 도전하라"는 말과 "차디찬 남극

얼음바다에 맨 먼저 뛰어드는 '첫 번째 펭귄'이 되라"는 말입니다. 모두가 주저하고 망설일 때 거침없이 용맹스럽게 나서서 뛰어드는 첫 번째 사람은 그 누구보다 값진 자산을 갖게 됩니다. 그 도전이 성공으로 끝나든 실패로 끝나든 결과에 상관없이 말입니다.

처음은 두려울지 모릅니다. 누구나 그렇습니다. 하지만 실패를 두려워하지 마십시오. 실패한다고 해도 어떻습니까? 처음의 두려움을 무릅쓰고 뛰어들고 나면, 그다음 또 그리고 그다음의 도전은 거침없이 전진하는 패기를 가지게 될 것입니다. 바람개비는 맞바람이 거세게 불수록 더욱 힘차게 돌아가는 법입니다.

제가 본 청년사업가 송성근 대표가 바로 그런 사람입니다. 그는 가천대 '재학생 창업 1호 기업인'입니다. 자본금 500만 원으로 학교 창업보육센터 4평 공간에서 사업을 시작해 지금의 자리에 이르렀습니다. 어려운 사업의 길을 개척하면서도 자신이 받은 총장 장학금을 "나보다 더 어려운 친구에게 주라"며 양보를 하는 사람입니다.

흔히 창업에 나서는 젊은이들은 자신을 너무 믿은 나머지 거칠고 무모하게 내달리는 경향이 있습니다. 그러나 송성근 대표는 항상 스스로를 낮추는 자세와 밝은 얼굴로 사람과 일을 대합니다. 외유내강(外柔內剛)의 모습으로 항상 내실(內實)과 경쟁력을 다지기 위해 매진하면서도, 스스로 과시하지 않습니다. 그러한 저력이 바로 하늘의 별따기만큼이나 어렵다고 하는 코넥스 상장 (上場)을 젊은 나이에 이루어내고 값진 청년기업인상을 받을 수 있도록 한 것 아닐까요.

송성근 대표가 사업부터 배워야 했던 이유는 그의 꿈을 이루기 위해서였습니다. 그의 1차적인 꿈인 매출 1조 원 기업을 이루고 나아가 궁극적인 꿈인 나눔, 봉사, 사랑을 실천하기 위해서입니다. 사회의 리더로서 공익을 위해 봉사하는 삶, 어려운 이웃을 돕고 사회적 책임감을 다하고자 하는 청년 송성근 대표를 뜨겁게 응원하며 이 책의 갈피갈피에서, 한 청년사업가와 아름다운 꿈의 여정을 함께하시기를 바랍니다.

2018년 11월 깊어가는 가을날
가천대학교 총장 이길여

발걸음이 쌓이지 않으면 천리 길에 이르지 못하고

작은 흐름이 쌓이지 않으면 큰 강을 이루지 못한다.

_순자(荀子, 고대 사상가)

성공은 결국
끝까지 하는 사람이 가져간다

"아버님이 하시던 사업을 물려받은 건가요?"

"집안에서 사업 자금을 지원해주시나 봐요?"

사업을 시작한 후로 내가 가장 많이 들은 말이다. 23세의 나이에 창업해 33세인 지금껏 사업을 키워온 나를 두고 사람들은 당연한 듯 있는 집 자식으로 생각한다.

지금의 겉모습만 본다면 부유한 집안에서 태어나 부족함 없이 사업하는 사람이라는 착각이 당연하게도 보인다. 10년 전 홀로 창업했던 회사는 어느 새 500억 원 자산을 앞두고 있다. 하지만 나는 부유함과는 정반대편에서 살아온 사람이다.

대학교 2학년인 23세에 가천대학교 내 창업보육센터에서 나 홀로 사업을 시작했다. 창업자금이라곤 지인들에게 빌린 500만 원이 전부였다.

청년 창업, 스타트업이라는 단어조차 생소하던 때다. 혼자서 창업한 태양광 조명회사인 쏠라사이언스는 지금의 회사 아이엘 사이언스의 모태다. 그리고 창업 8년 차에 성남시 유일한 농수 산물 도매시장의 중심가에 5층짜리 사옥을 지어 이전했다.

요즘은 여러 기관에서 사무공간은 물론이고 자금, 재무, 회계, 홍보, 마케팅 등 많은 지원을 해주지만, 10년 전에는 아무런 지 원이 없었다. 학교 보육센터에서 창업을 할 수 있도록 조그만 공 간을 얻은 게 전부였다. 일할 수 있는 공간이 있다는 사실만으로 도 너무 감사했다. 그리고 만약 성공시키지 못하면 내 인생도 끝 이라는 생각으로 23세 내 인생의 모든 것을 걸었다.

그렇게 시작한 사업은 무엇 하나 수월하지 않았다. 현실은 냉 혹했다. 나에게는 어린 대표가 운영하는 회사라는 꼬리표가 항 상 따라다녔다. 그런 의구심을 떨치기 위해서 남들보다 배는 더 노력이 필요했다.

작고 영세한 규모 탓에 실력이 있음에도 기회조차 주어지지 않았고, 큰 규모의 회사들에게 수모와 무시를 당하는 일도 다반 사였다. 이런 시장에서 살아남기 위해서 이 꽉 깨물고 죽기 살기로 매달렸고, 그 결과 태양광 조명 업계에서 선두 업체로 성장할 수 있었다.

하지만 그 시간이 길지 못했다. 자고 나면 우후죽순처럼 새로운 모델이 생겼다.

"어떻게 이 시장에서 생존할 수 있을까?"

답은 우리만의 차별화된 기술력뿐이라고 생각했다. 기술력으로 성장해서 기술이 있는 기업으로 대우받아야만 건강한 회사로 자리 잡을 수 있을 것 같았다.

창업 초 내 목표는 대형 태양광 가로등을 만들어 건설사, 관공서, 학교 등을 상대로 판매하는 것이었다. 그것만으로는 이 시장에서 살아남을 수 없다는 판단에 최연소 신기술 인증을 받았고, 실리콘렌즈 기술개발에 착수해 3년간 무려 30억 원을 투자한 끝에 세계 최초로 LED조명용 실리콘렌즈를 개발했다.

덕분에 업계에서 기술로 승부하는 회사, 나이는 어리지만 실력으로 승부하는 회사로 인정받고 있다. 이후로 셀프인테리어 시대를 맞아 온라인 조명 사업을 시작했으며, 이제는 조명 사업을 넘어 사물인터넷IoT, 스마트 조명시장에 진출해 새로운 시장을 개척하고 있다.

지난 10년간 여러 번의 변신을 하면서 조금씩 성장해오고 있다. 새로운 영역에 도전할 때마다 기필코 성공시켜 시장에서 1등을 하겠다는 일념으로 모든 걸 걸었다. 변화가 우리의 재산이 되었고 다시 시작할 수 있는 원동력이 되었다.

23세 창업
지난 10년간의 시간

올해로 사업을 시작한 지 횟수로 10년 차다. 내가 사업을 시작한 이 업계는 보수적이고 폐쇄적이다. 전통적으로 형광등, 백열등 제조부터 시작한 분들이 대다수다. 다들 업력이 30~50년에 나이도 지긋한 분들이 대부분이고 지금은 2세들이 이어 사업을 해오고 있는 곳이 많다. 그만큼 업계가 좁아서 직원들까지도 모두 알고 지낼 정도다.

그러다 보니 새로운 기업이 잘 나타나지도 않고 성장하기도 어렵다. 새로운 기업이 성공적으로 안착하기가 여간해선 가능하지가 않다.

이런 업계에서 아무런 경험도 인맥도 없던 내가 살아남기란 쉽지 않았다. 모든 일들이 도전이었다. 머릿속에는 생존을 위한 두려움, 답답함으로 가득했다. 하지만 고통도 성장의 과정이라 여기며 한 단계 한 단계씩 나아갔다. 그리고 지금의 모습에 이르렀다.

주변에서는 성장의 비결을 묻는다. 1년도 못 버티고 문 닫는 회사가 수두룩한데 10년 동안 어떻게 성장해왔는지 궁금해한다. 사업에 재능이 있는 거냐고 묻는 사람들도 있다.

23세밖에 안 된 애송이가 뭘 얼마나 알았겠는가? 하지만 내가 시작한 사업을 성공시키겠다는 절실함만큼은 강렬했다. 정확하게 말하면 살아남기 위해서 달릴 수밖에 없었다. 10년 동안 4번의 변화를 주면서 새로운 영역에 진출했지만 한 번도 수월한 적이 없었다.

사건사고가 끊이지 않았고 생존의 고비를 몇 번이나 넘겨야 했다. 결제관계가 좋지 않아서 일하고도 돈을 못 받고, 사기를 당하고, 신뢰가 없어서 물건을 만들어주지 못한다는 소리도 많이 들었다.

한때는 사장으로서 자격이 부족함을 깨닫고 사장의 자리를 내려놓기도 했다. 어떻게 이끌어야 회사가 성장할 수 있을지 체계적으로 배워야겠다 싶어 사장의 자리를 내려놓고 전문경영인을 모셔오기도 했다.

여러 어려움들 속에서도 가장 힘든 것은 자금 부족이었다. 6년 차까지 항상 자금난에 시달렸다. 매월 돈이 없으니 지점장님에게 읍소했다. 기업은행에서 대출을 받고 갚고, 대출을 또 받고 갚기를 반복했다. 은행 문을 수도 없이 넘나들었다. 내 중요한 업무 중 하나가 은행가는 일이었을 정도다.

카드론 현금서비스는 기본이었고 극심하게 어려웠을 때는 톨게이트 통행료조차 없어서 종이에 써서 다니기도 했고, 주차비가 없어서 주차장에서 차를 빼오지도 못할 때도 있었다. 결혼식 때 받은 축의금을 모조리 회사 통장에 넣었고, 아내에게 생활비를 몇 년 동안이나 주지 못했다. 고통스러웠지만 포기하지 않고 여기까지 올 수 있었던 건 내 결정 하나에 딸린 직원들에 대한 책임감의 무게가 컸기 때문이다.

고된 인생에서 벗어나려면 사업밖에 길이 없다

창업하면서 세운 원칙 중 하나가 "급여를 절대 하루도 밀리지 않겠다"는 것이었다. 돈이 없어서 하고 싶은 것을 할 수 없다는 마음이 어떤 것인지 누구보다 잘 알기 때문이다.

학창시절 하면 가장 먼저 떠오르는 단어는 '부족함'이다. 한 번도 집안이 풍족해본 적이 없었다. 고등학생 때 집이 없어서 사당동 인근 창고용 컨테이너박스에서 살았다. 그곳 생활은 생사를 넘나들 정도로 극한이었다. 중학생 때부터 시작한 배달 아르바이트는 고등학교 3학년 때까지 끊이지 않고 이어졌지만 아르바이트비 정도로는 형편이 조금도 나아지지 않았다. 가난한 생활이 너무 싫었다. 무조건 성공하고 싶었다. 부유하게 살고 싶었다.

'이 지독한 가난에서 벗어나서 부자가 되자. 돈을 많이 벌어 성공하자.'

이런 나에게 희망은 사업뿐이었다.

그런데 회사를 운영해보니 급여를 미루지 않는다는 일이 얼마나 어려운 일인지 절감했다. 직원들 급여를 줘야 하는데 통장에 잔고가 없을 때는 너무 가슴이 아팠다. 매달 10일이 돌아올 때쯤이면 숨이 막혀오는 듯했다. 급여일에 최소 6,000~7,000만 원이 필요했는데 통장에는 고작 몇 백 만 원이 전부였다.

은행권 대출은 이미 막힌 지 오래였고, 매달 여러 장의 신용카드로 카드론 현금서비스를 받아가며 계속 돌려 막았다. 이런 생활이 몇 년 동안 계속되었다. 급여를 제때에 줄 수만 있다면 뭐든 다 하자 싶었다. 무조건 줘야 한다고 생각했다. 강박증 수준에 가까웠다.

만약 간절함이 없었다면 직원들에게 '한 달만 미루자. 미안하다'라고 넘겼을지도 모른다. 하지만 수단과 방법을 총동원해서라도 그 약속을 지키려 했고 그것은 내가 사업을 하는 이유였다. 그렇게 지난 10년 동안 하루도 밀리지 않고 모두 지급했다.

사업의 현장은 전쟁터다

지금껏 수많은 우여곡절이 있었고 많은 위기들이 있었다. 그때마다 어떠한 어려움이 닥쳐도 해결할 수 있다는 절실함과 간절함으로 버텼다. 맷집이라는 것도 맞으면서 점점 더 단단해지는 것 같다.

기업 현장은 전쟁터다. 전쟁터를 방불케 할 정도로 생존경쟁이 심각하다. 전쟁터에 나와 있는 것 같은 살벌함이 느껴진다. 실제로 같은 시기에 창업했던 기업들 중 상당수가 이미 사라진 지 오래다. 다행히 10년 전에 비하면 지금은 회사가 많이 안정화되었지만 우리는 여전히 간절하고 절실하다.

10년 전 먹고사는 게 간절해 사업을 시작했지만, 지금은 절대 망해서는 안 된다는 긴장감이 항상 있다. 현재 함께하는 직원들이 60명, 그들의 가족까지 생각하면 400명이다. 직원들을 생각하면 무조건 성공시켜야 한다. 만약 성장하지 못하고 도태된다면 나 한 명의 실패가 아닌 회사 직원들 전체의 생계가 위태롭다. 그렇기에 지금도 나는 여전히 두렵고 떨린다. 조직이 변화되어야 한다고 말하면서 정작 나는 변화되고 있는 것인지 깊은 고민에 빠져들 때가 많다.

이 책은 수많은 위기와 절망의 순간들에도 불구하고 23세부터 지금까지 포기하지 않고 나의 회사를 이끌어올 수 있었던 지난 10년간의 기록이다.

인생에는 결코 불가능할 것만 같은 일들도 많다.
부조리한 일도 많다.
하지만 포기하지 마라.
아침이 오지 않는 밤은 없다.

중소기업을 경영하는 분, 창업을 꿈꾸는 분, 회사의 중책을 맡고 있는 분은 물론 지금 최악의 상황에 빠졌다고 생각하는 분들도 포기하지 않았으면 좋겠다.

오늘도 고군분투하고 있을 분들에게 나의 지난 경험이 조금이라도 도움이 된다면 그 이상 바랄 것이 없다.

1부
인생을 바꾸려면
사업밖에 답이 없다
: 일과 인생을 성공으로 이끄는 유일한 방법

2부
어떻게 제로에서 새로운 가치를 만들 수 있을까
: 새로운 시장을 개척하는 법

3부

어떻게 강한 회사로
성장할 수 있을까

: 사업의 그릇을 키우는 경영 공부

4부
어떻게 살아남을 것인가
: 예상하기 힘든 미래를 돌파하는 자세

BUSINESS

INSIGHT

인생을 바꾸려면
사업밖에 답이 없다

: 일과 인생을 성공으로 이끄는 유일한 방법

사업을 이제 막 시작한 이들에게 매출 100억은 그야말로 동경의 금액이다. 그런데 여기 창업 6주 만에 6,000만 원짜리 규모의 공사를 따 내고, 30세를 갓 넘긴 나이에 100억 매출을 달성한 사람이 있다. 청년 기업가로 주목받으며 대통령 앞에서 연설을 하기도 했지만 그 영광은 오래가지 않았다. 1차 협력사의 부도로 한순간에 14억 빚을 짊어진 청년은 돌파할 수 없을 것만 같은 좌절과 고난의 순간들을 마주했다. 1부에서는 대한민국을 놀라게 한 젊은 사업가가 어떻게 역경을 이겨내고 남과 다른 차이를 만들 수 있었는지 그 변화의 시작에 대해 이야기한다.

1%만 개선하고 변화시켜 나가도 우리의 삶은 커다란 성과를 이룰 수 있고,

거의 모든 것을 크게 변화시킬 수 있다.

_켄 블랜차드(Kenneth Blanchard, 경영 컨설턴트)

01

돌 파 력

26세, 14억 빚을 떠안다

"최종 부도 처리되었습니다."

잘못 들은 줄 알았다. 그런데 몇 번을 확인해도 현실은 달라지지 않았다. 너무 놀라서 아무 말도 나오질 않았다.

암담함과 참담함이란 뭐라 말로 표현하기도 어려웠다. 우리에게 일감을 의뢰한 1차 협력사가 최종 부도 처리되어 법정관리에 들어갔다는 것이다. 우리가 받은 수억 원대의 어음이 눈앞에 아른거렸다. 이미 휴지조각이었다.

악몽이 떠올랐다. 23세에 처음 사업을 시작했을 때 첫 번째 수주한 일감이 부도 처리되어 너무 힘든 시간들을 보내야 했다. 그런데 LED시장에 진출한 후 첫 번째로 진행한 일감이 또 부도 처리된 것이다.

이번에는 규모가 차원이 달랐다. 최종적으로 14억 원 정도가 부도 처리되었다. 4,000만 원도 아니고 14억이라니, 금액도 무시무시했지만 더 억울한 것은 고의부도라는 것이었다. 1차 협력사를 찾아가 어떻게든 손실을 조금이라도 줄여보려고 했다. 하지만 그들은 나에게 미안한 기색은커녕 배 째라는 식이었다.

울분을 못 참고 상대의 멱살을 부여잡고서 협박을 해보기도 했지만 아무런 소용이 없었다. 아주 오래전부터 치밀하게 준비했던 그들을 내가 무슨 수로 당해낼 수 있단 말인가? 결국 14억 원의 빚을 고스란히 떠안게 되었다. 눈앞이 캄캄했다.

이 소식은 업계에 빠르게 퍼져나갔다. 여기저기서 연쇄부도를 우려하는 목소리가 커졌다. 무엇보다 이제 갓 26세 된 나이 어린 대표가 그 돈을 못 갚을 것이라는 소문이 파다했다.

사무실에 돌아와 보니 여러 거래처 사장님들이 한꺼번에 찾아와 돈을 갚으라며 소리를 쳤다. 사무실은 이미 난장판이었고, 직원들은 하얗게 질려 어찌해야 할지 몰라 두려움에 떨고 있었다. 아수라장이었다.

그들 입장을 이해하지 못할 바도 아니었다. 하지만 돈이 있으면 왜 안 주겠는가? 가장 큰 피해를 입은 곳은 우리 회사였다. 그러니 사정을 이해해달라고 외치고 싶었다. 하지만 그 상황에서 무슨 말을 한단 말인가. 그들 앞에서 머리를 조아리며 죄송하다는 말을 수백 번도 더 했다.

모두가 퇴근한 후 홀로 불 꺼진 사무실에 앉아 있는데 흘러내리는 눈물을 참을 수가 없었다. 지독한 악몽이라도 좋으니 이 모든 일들이 꿈이었으면 했다. 하지만 다음 날 눈을 떠도 현실은 그대로였다.

23세에 창업해 사업을 한 지 3년이 되었다. 그동안 숱한 고비와 위기가 있었지만 간절함으로 버텨왔다. 그런데 이번에는 내가 감당할 수 있는 수준이 아니었다. 저 큰돈을 어떻게 마련할 수 있을까? 아무리 발버둥을 치고 방법을 찾아 봐도 길이 보이지 않았다.

수많은 책에서 위기가 기회라는 말을 수차례 읽고 들어왔다. 하지만 내 앞에 현실로 다가오자 기회란 조금도 보이지 않았다. 창업을 한 이후 가장 큰 위기였다. 이제 그만 파산을 선언하고 포기하고 싶었다.

'이런 짐을 짊어지기에는 나는 아직 너무 어려.'

평범한 26세의 대학생으로 돌아가 공부를 하고 학점을 고민하면서 특별한 사건이 없던 날로 돌아가고 싶었다. 직원들의 월급 같은 걸 걱정하면서 못 갚을 빚 때문에 도망가고 싶다는 생각만 하며 지내는 내가 불쌍했다.

눈물과 암담함으로 가득한 지옥 같은 하루하루를 보내던 그때, 고등학교 시절 컨테이너에서 살던 때가 떠올랐다.

극단의 상황은
희망을 빼앗는다

고등학교 때 나는 컨테이너에서 살았다. 원래 좋지 않던 가정 형편이었지만 단칸방이나마 있었는데 그마저도 이혼한 아버지의 잘못된 판단으로 경매로 넘어가버렸다.

학교에서 수업을 받던 어느 날 '학교 끝나면 집으로 가지 말고 시장 공용주차장으로 오라'던 그 말을 잊을 수가 없다. 집에 가보니 집은 이미 쑥대밭이 되어 있었다. 너무 화가 나서 집 열쇠를 집어던져 버리고 골목을 질주했다.

이후 우리 집은 사당시장 공용주차장 안에 있는 낡은 컨테이너박스였다. 그마저도 주거용 컨테이너가 아니라 창고였다. 전기만 겨우 들어올 뿐 취사도 난방도 불가능했다.

어머니, 누나, 그리고 나 세 식구가 눈 붙일 공간은 필요해서 급하게 겨우 얻은 그곳은 한마디로 사람이 살 수 있는 공간이 아니었다.

이사하던 날, 짐을 둘 곳도 없어서 미처 옮기지 못한 살림살이들이 장맛비에 떠내려갔다. 세 식구가 비통한 심정으로 누구 하나 말이 없었다. 그러다 고개를 들어 어머니 얼굴을 보는데 반쯤 넋이 나가신 상태였다. 순간 덜컥 겁이 났다.

'어머니가 누나와 나를 두고 도망가면 어떡하지?'

그럼 우리는 고아가 아닌가. 어머니마저 잃을 수는 없었다. 어떻게든 어머니를 안정시켜드리기 위해 짐을 옮기자마자 제일 먼저 컴퓨터를 연결해 어머니가 즐겨 듣던 노래를 틀었다. 그리고 아무렇지 않은 듯 말했다.

"엄마 난 괜찮아. 우리 여기서 살면 되지 뭐."

하지만 그곳에서의 생활은 전혀 괜찮지 않았다. 식사 때마다 취사공간이 없어 컨테이너박스 뒤편에서 부탄가스에 냄비를 올려 식사를 해결해야 했고, 여름에는 더위와 겨울에는 지독한 추위와 싸워야 했다.

여름에는 전기가 들어오니 선풍기로 버틸 수 있었다. 문제는 겨울이었다. 난방보일러 한 대 없이 합판 나무로 된 바닥에 전기장판 한 장을 깔고 영하의 추위를 버텼다. 전열기를 틀어도 벽을 통해 전해지는 냉기가 뼛속을 파고들었다. 지금도 겨울이 되면 걸을 때마다 추위에 언 합판나무 바닥이 내려앉기라도 하듯 삐그덕대던 소리가 귀에 들리는 듯하다.

가장 비참했던 건 씻을 공간이 없다는 거였다. 재래식 공중화장실 세면대 수도에 호스를 연결해 샤워를 해야 했다. 찬물로 샤워할 때는 머리가 깨질 것 같았다. 그런데 이마저도 겨울에는 동파사고로 씻을 수조차 없었다.

매일매일 도망가고 싶은 날들의 연속이었다. 그곳에서 사는 모습이 너무 부끄럽고 창피해서 아무에게도 절대 보이고 싶지 않았다.

가난이 너무 싫었다. 평범한 환경에서 나고 자라 생활하는 친구들이 부러웠다. 세상에 대한 원망감과 열등감 속에 살았다. 왜 이런 집에 태어나서 하루하루 벌어먹고 사는 방법을 걱정해야 하는지 세상이 원망스러웠고 부모님도 수없이 탓했다.

창업 후 10년 동안 사업을 하면서 수많은 위기들이 찾아왔지만 그 어떤 순간도 컨테이너에서 살 때만큼 고통스럽지는 않았다. 만약 지금 나에게 그 시절로 돌아가라면 다른 극단의 선택을 할지도 모르겠다.

결코 물러설 수 없는
길을 만들어라

인생은 아니러니하다. 지금껏 수십 차례의 위기와 마주했는데 그때마다 나를 다시 일으켜 세운 건 컨테이너박스의 기억들이다. 어려움을 마주할 때면 이런 생각이 들었다.

"지금의 나는 컨테이너에서 살던 그때처럼 견딜 수 없을 만큼 힘든가?"

냉정히 생각해보면 그때만큼 힘들지는 않았다. 고등학생의 나이에 어떻게 해볼 도리도 없이 맨몸으로 어려움을 이기던 때와 지금은 달랐다.

지금은 비록 갚을 수 있을지 없을지도 모를 막대한 빚 앞에 휘청대지만, 내 힘으로 사업체를 일구고 전국을 다니며 영업을 하고 수십억 매출도 만들어보았다. 그리고 내 곁에는 나와 함께 싸워줄 직원들도 있다.

어떻게든 이 상황을 해결하자, 지금 위기를 극복해야 다음도 기약할 수 있다는 마음으로 조금씩 기운을 차렸다.

나를 믿고 자신의 미래를 투자한 직원들 앞에 부끄럼 없고 싶었다. 내 앞에 우뚝 선 난관에 굴복하고 싶지도 않았다. 나는 이

위기를 돌파하는 데 있어 2가지 원칙을 세웠다.

1. 무조건 돈을 갚는다.
2. 날짜를 단 하루도 절대 미루지 않는다.

이후 나는 거래처 사장님들을 모두 찾아다니며 간절하게 부탁드렸다.

"절대 사장님에게 피해가 가지 않도록 하겠습니다. 1년만 시간을 주시면 10원 한 푼 깎지 않고 모두 드리겠습니다. 그러니 제발 이번 한 번만 도와주십시오."

어떻게든 해보겠다는 어린 사장이 안쓰러웠던 걸까, 간절했던 마음이 전달된 것일까. 많은 사장님들이 내 이야기를 믿어주고 기다려주셨다.

마음을 얻은 후부터는 약속한 때까지 돈을 지급하기 위해 백방으로 뛰어다녔다. 빚을 정리하기 위해 회사주식을 매각하고 대출받을 수 있는 모든 방법을 총동원해서 알아보았다. 친인척들은 물론 주변의 모든 지인들을 찾아다니며 한 번만 더 도와달라고 부탁을 드렸다.

자존심에 상처를 받는 말도 수없이 들었다. 하지만 자존심 따위는 이미 버린 지 오래였다. 이 상황을 해결할 수만 있다면 무슨 일이라도 다 하자 싶었다. 다행히 많은 분들이 외면하지 않고 도움을 주셨다. 큰 금액을 계약서 한 장 없이 빌려주신 분도 계셨다. 그렇게 여기저기서 돈을 한 푼 두 푼 끌어모아 조금씩 돈을 갚아나갔다.

그런 상황에서도 직원들 월급만큼은 미루고 싶지 않았다. 부도가 난 이후로 카드론 현금서비스로 계속 돌려 막는 일도 불가능해졌다. 그때부터는 휴대전화에 저장된 연락처 목록을 펼치고 친분에 상관없이 무조건 통화버튼을 눌렀다.

"죄송한데 돈 좀 빌려주십시오. 꼭 갚겠습니다."

평소에는 연락 없이 지내다가 어느 날 갑자기 돈을 빌려달라니 얼마나 어이가 없었을까. 나 역시 민망하고 부끄러웠지만 급여를 제때에 줄 수 있다면 사람이 할 수 있는 건 다 하자 싶었다. 강박증에 가까웠다. 다행히 많은 분들이 도와주신 덕분에 어려운 시기에도 직원들 월급을 미루지 않고 제 날짜에 지급할 수 있었다.

시간은 흘러 어느 덧 약속한 1년이 한 달 앞으로 다가왔다. 그런데 1억이 부족했다. 아무리 애를 쓰고 뛰어다녀도 더 이상 돈을 마련할 방법이 보이질 않았다.

마지막으로 생각한 것이 사채였다. 사업에 실패한 사람들이 어깨가 축 늘어져 사채업자를 찾아가는 모습을 볼 때면 너무 측은했다. 오죽하면 사채를 쓰나 싶었다. 그런데 막상 내가 그 상황이 되자 그들의 기분이 어땠을까 짐작이 되고도 남았다.

인생의 패배자가 된 기분까지 들었다. 하지만 그것도 잠시였다. 어떻게든 돈을 빌려서 이 위기를 탈출해야 한다는 생각뿐이었다. 결국 회사 지분을 담보로 돈을 빌렸다. 이자율도 무려 24%에 달했지만 달리 방법이 없었다.

한 달 후 약속한 대로 모든 거래처에 단 한 푼도 깎지 않고 모든 빚을 다 지불했다. 그러자 거래업체 사장님들이 다들 깜짝 놀랐다. 몇몇 사장님은 나이 어린 대표가 무슨 수로 그 큰돈을 마련하겠냐며 돈을 받을 기대조차 접은 분들도 있었다. 기어이 갚고야 말리라고는 생각도 못했던 것이다.

자신의 육체로
굳건하게 위기에 맞서라

모든 빚을 정리하는 순간 후련하고 허탈했다. 1년 동안 나를 짓누르는 압박으로부터 벗어나는 기분이었다. 말로 설명할 수 없는 기분이 들었다.

빚을 모두 갚고 얼마 후부터 회사에 크고 작은 변화들이 생겨났다. 기존 고객사는 물론이고 신규 고객사들로부터 일감 의뢰가 들어왔다. 의아한 일이었다.

'부도 처리로 바닥까지 내려간 회사에 주문이 들어오다니.'

알고 보니 그때 고의부도사건을 해결한 일이 업계에 알려진 것이었다. 특히 어려운 처지에서도 회사 지분을 매각하고 사채까지 써가면서 해결하려는 내 모습을 높게 평가해주셨다.

"그 친구 26세 밖에 안 되었는데 강단이 있고 신의가 있어. 웬만한 사장들보다 훨씬 나아."

"어린 친구가 부도가 났는데도 어떻게 해서든 다 갚더라. 믿을 수 있는 사람 같더구만."

협력업체 사장님들이 주변 여러 업체에 우리 회사를 소개해준 것은 물론이고, 일감을 우리에게 의뢰하며 크고 작은 도움을 주셨다. 그간 거래해온 1, 2차 협력사들뿐만 아니라 초창기 태양광 사업을 하던 시절부터 인연을 이어온 현장 소장님과 부장님들도 고객사에 우리 제품을 납품할 수 있는 기회를 만들어주면서 사업 기회가 하나둘 열렸다. 일감 하나하나가 너무 소중했기에 제품 생산부터 설치까지 모든 직원들이 열과 성을 다해 최선을 다했다.

많은 분들의 도움으로 차츰 바닥에서 다시 일어설 수 있었다. 만약 그때 포기했다면 지금의 우리는 없었을 것이다. 그때 그 사건이 전화위복이 된 셈이다.

모든 인생에는 위기가 있다. 어느 누구도 위기를 피해갈 수 없다. 그런데 어떤 이는 이 위기를 전화위복의 기회로 삼는 반면, 어떤 이는 그대로 주저앉아버리기도 한다.

그 차이는 무엇일까? 위기를 대하는 우리의 관점과 자세일 것이다. 그리스 사전에 의하면 Crisis, 즉 위기는 '선택''결정''도전' 등의 의미가 있다. 두려워서 포기해야 하는 것이 아니라, 새로운 도전과 선택을 해야 하는 시기인 것이다.

힘든 상황이 닥쳤을 때 도전의 기회로 생각하기란 쉽지 않다. 도저히 어쩔 도리가 없는 벽처럼 느껴지기 때문이다. 그럴 때, 자신이 가지고 있는 능력으로는 이 위기를 이길 수 없다며 한 걸음 물러서기 쉽다.

한 걸음을 물러서면 그다음은 어떻게 될까? 두 걸음, 세 걸음이 된다. 결국 위기를 돌파하지 못하고 현실을 외면하고 도망치게 된다.

내 앞의 위기가 높게만 느껴질 땐 벽이라고 생각하지 말고 뛸

:

위기가 닥치면 본능적으로 주춤하게 된다. 그리고 한 걸음 물러서게 된다. 한 걸음을 물러서면 그다음은 어떻게 될까? 두 걸음, 세 걸음이 된다. 결국 현실을 외면하고 도망치게 된다. 내육체로, 굳건한 두 발로 버티고 서라. 원래 가고자 했던 방향을 똑바로 바라봐라. 포기하지 말고 부끄러움 없는 마음으로 나아가라.

틀이라고 생각했다. 높디높은 뜀틀을 한 번에 넘어갈 수는 없다. 두 번, 세 번, 네 번 실패한다. 맥이 빠지고 다리가 풀린다. 주저앉는다. 하지만 내 안의 에너지에 집중해 다시 일어서서 시도하다 보면 도무지 가능할 것 같지 않던 뜀틀을 넘어설 수 있다.

낙담하지 마라. 위기 앞에서 한 걸음 물러서지 마라. 내 육체로, 굳건한 두 발로 버티고 서라. 원래 자신이 가고자 했던 방향을 틀지 마라. 포기하지 않고 부끄러움 없는 마음으로 나아가면 반드시 길이 보인다. 위기를 기회로 바꾸는 것은 결국 우리 자신에 달려 있다.

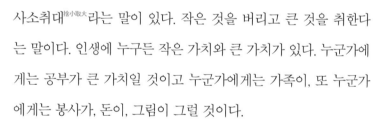

02
사 소 취 대
부를 가지려면 사업밖에 없다

사소취대^{捨小取大}라는 말이 있다. 작은 것을 버리고 큰 것을 취한다는 말이다. 인생에 누구든 작은 가치와 큰 가치가 있다. 누군가에게는 공부가 큰 가치일 것이고 누군가에게는 가족이, 또 누군가에게는 봉사가, 돈이, 그림이 그럴 것이다.

인생을 멀리서 보면 사소취대하기가 쉬울지도 모르겠다. '그때 그것이 큰 이익이었는데, 잡았어야 했는데' 돌아보기는 쉽다. 하지만 눈앞에 놓인 이익을 두고 그것의 가치가 큰지 작은지 당장에 판단하기란 쉬운 일이 아니다. 특히 경험이나 경력이 적은 상태에서 가치의 크고 작음을 판단하고 행동하기란 아주 어려운 일이다.

그럴 때 결단을 내리는 판단의 기준이 '나에게 이익이 되는가'에 맞출 확률이 높다. 이익이 되면 하고, 이익이 되지 않으면 하지 않는다는 마음가짐이 되는 것이다.

나는 이런 판단의 기준이 옳다고 생각하지 않는다.

당장 이익이 되지 않더라도 '나에게 도움이 되는가'에 기준을 두어야 한다.

어린 나이부터 리더로서 직원들의 생계를 책임지고 일하다 보니 이것을 더욱 절실히 깨닫는다. 리더는 길게 볼 줄 알아야 한다. 미래지향적으로 가치를 판단해야 한다.

이는 비단 경영에서만 해당하는 것은 아니다. 경영 전선을 떠나 우리 한 사람 한 사람 인생을 들여다보면 우리 모두가 인생의 리더다.

내 인생을 당장의 달콤한 이익을 위해 던지는 사람이 되지는 말아야 한다고 나는 생각한다.

사업의 존재 이유는
돈을 벌어들이는 것

인생을 바꾸기 위해서는 사업밖에 답이 없었다. 대학에 입학한 이후부터 좋은 성적이나 취업에는 관심이 없었다. 내 머릿속에는 사업 생각뿐이었다.

국내 1호 벤처기업 비트컴퓨터에 입사해 일해보기도 하고 삼성엔지니어링 파견직으로 1년 여간 일해보기도 하며 기업의 조직 체계, 인사 정책 등을 보고 느낄 수 있기도 했지만 취업을 다시 해야겠다는 선택지는 내게 없었다. 사업을 하지 않는 이상 부를 벌어들이기란 불가능하다고 생각했다.

대기업에서 일한다고 해도 한 달에 100만 원 저축하면 10년 모아야 1억이고, 20년이면 2억이다. 서울에서 집 한 채 장만하려면 30년을 저축해도 될까 말까다.

"월급쟁이해서는 답이 없다. 사업을 하자. 지긋지긋한 가난한 생활에서 벗어나려면 사업밖에 답이 없다. 사장이 되는 길밖에 없다."

틈나는 대로 성공학 서적들과 CEO들의 책, 기업가들의 책들을 탐독했다. 특히 이병철 회장, 정주영 회장 등의 스토리가 나에게 많이 와 닿았고, 내가 원하는 회사의 여러 가지 모습을 머릿속에 그려나갔다.

"그런데 어디서부터 어떻게 시작하지?"

의욕은 넘치는데 어디서부터 어떻게 시작해야 할지 막막했다. 어떤 아이템으로 사업을 할지 매일같이 텔레비전과 신문, 잡지 등 찾을 수 있는 매체들을 모조리 뒤졌다.

정보들을 모아 공부하다 보니 매체에서 반복되는 주요 테마들이 보였다. 언론에서는 대기온난화와 환경문제가 대두되면서 이산화탄소 배출량을 규제해야 한다는 뉴스가 연일 등장하고 있었다. 친환경에너지, 신재생에너지 분야가 분명 커지겠다는 생각이 들었다.

사업 아이템을 선정하는 데는 복잡한 것들을 따지지 않았다. 한 가지 기준만 분명히 했다.

"돈이 많이 들면 안 된다. 내 힘으로 지금 이 자리에서 승부를 볼 수 있어야 한다."

친환경 아이템이라면 우리가 살아가는 데 도움도 되고 지속 가능성도 많아 보였다. 하지만 풍력은 너무 커서 대기업의 영역이었고, 지열은 아직 기술이 부족했다. 태양광 역시 대기업의 영역이었지만 중소기업이 도전해볼 수 있는 시장이 보였다. 태양광에 깃발을 꽂은 후 태양광을 이용한 제품들을 조사하면서 작은 자본으로 가능한 아이템을 고민해나갔다.

아끼던 것을 미련 없이
희생할 수 있는가

사업을 생각하고 있다면 첫 둥지는 자신이 지원을 가장 잘 받을 수 있는 곳으로 정해야 한다. 그곳이 어디가 되었든 유리한 고지를 선택하라. 첫 스타트 포인트는 중요하다. 적당히 아무 곳에서나 시작하면 된다는 마음가짐으로는 적당히 아무렇게나 끝내버리기도 쉽다.

나는 어떻게든 학교 내에서 첫 둥지를 틀고 싶었다. 그래야 학생으로 받을 수 있는 적은 지원이라도 받을 수 있겠다 싶었다. 작은 책상 하나와 내 몸이 들어가면 충분했다.

마침 대학교 내에서 창업경진대회가 열렸는데 이 대회에서 우수상 이상을 수상하면 교내 창업 보육센터에 무료로 입주할 수 있는 기회가 주어졌다. 나는 태양광 자전거로 승부를 보기로 했다. 기존 전기자전거는 배터리가 떨어지면 중간에 멈춰버린다.

게다가 끌고 가려면 모터가 엄청 무거웠다. 이런 단점을 보완해 자전거에 태양광패널을 설치해 태양광 자전거를 만들었다.

태양광 자전거의 가능성을 평가받아 창업경진대회에서 최우수상을 수상했고 덕분에 보육센터에 입주할 수 있었다. 비록 작은 공간이었지만 그 공간만으로도 너무 고맙고 감사했다. 무엇이든 다 할 수 있을 것만 같았다. 그때가 2008년 11월이었다.

이후 본격적으로 태양광 자전거를 사업화해야겠다 싶었다. 자전거에 태양광패널을 붙이고 장치를 하니 가격이 조금씩 올라갔다. 여러 좋은 기능을 더하니 최종 판매가격은 300만 원이었다. 과연 팔릴까? 확신이 없어 사람들에게 조사를 했다.

"아주 품질이 좋은 태양광 자전거가 있는데 가격은 300만 원이라면 사겠습니까?"

모두 고개를 가로저었다. 그때 깨달았다.

'아무리 좋은 제품이라도 고객이 지갑을 열지 않으면 의미가 없구나.'

어렵게 만든 제품이었지만 그 아이템은 바로 접었다. 내 것이 아니다 싶으면 과감히 포기할 줄 알아야 한다. 더 큰 가치를 위해 아끼던 것을 미련 없이 희생할 줄 알아야 한다.

'내가 만들고 싶은 것을 하면 안 되겠구나. 고객이 지갑을 열

고 싶은 것을 만들어야 한다.'

    필요의 측면에서 사업을 다시 바라보기 시작하니 사람들이 가지고 있는 불편함들이 눈에 들어오기 시작했다. 특히 당시는 국내 태양광 시장 초창기로 주로 관공서 등에 시연샘플로 태양광 가로등이 설치되어 있었다. 그런데 고장이 잦아서 무용지물이라는 인식이 강했다. 힘들게 만들어놓고도 애물단지 취급을 받고 있었다.

    "도대체 이 좋은 제품이 왜 고장이 잦을까?"

    태양광 가로등에는 컨트롤러라는 부품이 들어 있다. 이 부품은 주변 날씨에 따라 태양광 조명의 점등하고 소등하는 시간을 조절하고 전력 소비 패턴을 관리하는 아주 중요한 역할을 한다.

    이 컨트롤러의 회로설계에 문제가 있었다. 또, 컨트롤러의 대부분이 중국산이었는데 품질관리가 되지 않아 잔고장이 많았다. 이런 단점들을 보완해서 내구성과 효율성을 높인 컨트롤러를 자체 개발한다면 분명 시장에서 호응이 있겠다 싶었다.

    그런데 가로등을 제조하려니 넘어야 할 산이 너무 많았다. 먼저 컨트롤러를 재설계하는 데 많은 시간과 자금이 필요했다. 설사 개발에 성공해도 실제 제품을 제조하려면 여러 부품이 필요하기에 또 자금이 필요했다.

돈도 벌고 개발도
할 수 있는 아이템

결국 무엇을 하든 돈이 관건이었다.

"어떻게 하면 돈도 벌고 개발도 할 수 있을까?"

인생에도 타이밍이 중요하듯 제품 역시 타이밍이 중요하다. 당시 경제적으로 여유가 있는 사람들은 주로 전원주택에서 살거나 정원이 딸린 세컨드 하우스를 가지고 있었다. 그런데 밤에 정원에 등을 켜고 싶어도 전선이 없어 조명을 설치하지 못해 고민하는 분들이 많았다.

그들에게 태양광 가로등 정원등은 이런 고민을 해결해줄 수 있는 너무 좋은 아이템이었다. 태양광 조명은 전선이 없어도 낮에 태양광으로 충전이 되서 저녁이면 자동으로 켜졌다. 스스로 밤낮을 인식해서 낮에는 꺼지고 저녁 때면 켜졌다.

'그래, 일단 도소매로 돈을 모으자. 그 다음 5년 내에 제품을 자체적으로 개발해서 제작하는 제조업에 도전하자.'

이후 본격적으로 사업 준비를 해나갔다. 회사 이름은 태양광을 연구하는 회사라는 의미로 '쏠라사이언스'라 명명했다. 그리고 회사 설립을 위해 서류와 절차를 알아보았다.

준비해야 할 서류는 왜 이리 많은지, 알아들을 수 없는 용어들도 너무 많았다. 이런 경우 법무사에 의뢰하면 수월하게 처리할 수 있다. 그런데 그 시절의 나는 법무사의 존재도 몰랐고 설령 알았다 해도 지불할 돈도 없었다.

혼자 서류들을 준비하다 보니 매번 실수투성이였다. 담당자에게 매번 '다시 해오세요. 다시, 다시'라는 말을 계속 들어야 했고 법인 설립에만 1달 반 이상이 소요되었다.

우여곡절 끝에 법인 설립을 마치고 사업자등록증을 발급받았다. 그 순간 기분이 굉장히 묘했다. 이제 정말 시작이라는 기대와 설렘도 있었다. 하지만 그보다는 반드시 성공시켜야 한다는 절실함과 비장함이 가득했다.

이미 주사위는 던져졌고 나에겐 직진뿐이었다. 그렇게 사업에 임하는 나의 각오를 메모지에 커다랗게 적었다.

1. 출구는 없다. 무조건 해낸다.
2. 직원들 생계를 책임지지 못하는 경영자는 자격이 없다.

각오를 쓰는데 유서를 쓰는 것처럼 마음이 비장했다. 이 원칙을 어기는 한 결코 사업도 인생도 좋은 결과가 나올 수가 없다고 생각했다. 사업에 관한 모든 사안을 이 원칙으로 되돌아가서 판단하자고 결심했다.

'출구는 없다는 생각으로 내가 가진 모든 걸 걸어서 무조건 성공시키자. 앞으로 나아갈 길이 없다면 내가 새 길을 만들면 된다. 낯선 길로 들어서는 데 절대 망설이지 말자.'

그 길 위에 나만 홀로 두지 않겠노라 다짐했다. 회사란 사람들이 모여 있는 곳이다. 그리고 사람들이 모인 이유는 자신들의 생계를 위해서다. 직원들의 생계조차 챙기지 못한다면 경영자 자격이 없다.

"만약 직원들의 월급을 책임질 수 없는 날이 오면 사업을 접자."

불법만 아니라면, 사람이 할 수 있는 일이라면 무슨 일이라도 해서 어떻게든 급여를 주자고 다짐했다.

위 2가지 다짐은 어찌 보면 나 자신을 세뇌시키는 주문과 같았다. 그리고 이 메모지를 책상 위에 올려두었다. 마음이 약해질 때면 이 메모를 꺼내 보고 또 본다.

03

강 단

시간을 이겨라

나이가 어릴수록, 경험이 적을수록 반드시 지켜야 하는 것이 있다. 바로 비즈니스 매너다. 말, 행동, 태도를 보면 그 사람의 평소 성격과 마음가짐이 단번에 나오기 마련이다. 인사하는 방법, 명함 주는 법, 악수하는 방법에서 그 사람의 인품이 드러난다.

어리기 때문에 받는 편견들이 있다. 똑같은 실력을 가지고 있어도 어리면 경험을 낮잡아 본다. 그럴수록 어떻게 하면 좀 더 신뢰감을 줄 수 있을까를 고민하면서 비즈니스 매너들을 철저하게 지키려는 노력들이 필요하다.

사업 초창기, 내 명함은 4개였다. 똑같은 명함에 사장, 부장, 과장, 대리 직급만 다르게 해서 4개 명함을 가지고 다녔다. 어린 나이에 사장이 됐다고 하면 크고 작은 오해를 받고는 했고, 40~50대의 실무자들에게 사장 명함을 내밀면 다들 미심쩍어 했기 때문에 상황에 따라 다른 명함을 내밀었다.

대표임을 먼저 밝히고 담당자들과 대화를 나눌 때면 의심의 눈초리가 눈에 가득했다. 우리 회사와 제품에 대한 설명을 듣기 전에 이미 선입견이 생겼다.

'이제 갓 20대에 접어든 청년이 제대로 만들 수나 있을까? 제조업 시장에서 도태되고 말 것이다.'

심지어 어떤 분들은 나이가 어리다는 이유로 제품을 소개할 기회조차 주질 않았다.

그럴 때마다 어린 나이가 너무 싫었다. 영업을 할 때는 대리나 과장 명함을 먼저 드리고 계약할 때가 돼서야 사실대로 밝혔다. 처음에는 다들 깜짝 놀랐지만 계약을 하고 일을 해나가면 젊은 친구가 어떻게 시작하게 되었냐면서 더 잘 기억해주시고 관심을 보이시고는 했다.

불리할수록
비즈니스 매너를 지켜라

비즈니스 매너는 이러한 편견을 깨는 도구 역할을 한다. 성공적인 결과를 도출하는 데 견인차 역할을 하는 것이다. 한마디로 비즈니스 매너는 실력으로 승부를 보기 위한 초석 역할이다.

가장 먼저 옷차림부터 신경 쓰는 것이 좋겠다는 생각을 했다. 비즈니스 관계자를 만나는 자리에 깔끔하고 단정하게 차려입고 가면 상대방이 바라보는 시선부터 틀려지는 것을 느꼈다. 나이는 어리지만 항상 정장과 넥타이를 착용했고, 와이셔츠를 빳빳하게 다리고, 바지는 칼주름을 잡았다. 용모를 단정히 하고 옷차림을 깔끔하게 차려입었을 때 분위기도 틀려지고 상대방에게 호감을 얻는 것을 알게 되었다.

점차 만나는 분의 성향이나 좋아하는 컬러까지 생각하며 옷을 입게 되었고, 상대방을 위한 기본적인 예의로 여기게 되었다.

비즈니스와 관련이 있는 사람과 식사를 하는 자리라면 식사예절은 반드시 지켜야 한다. 밥을 먹는 자리라 가볍게 생각하고 툭 던진 말이 중대한 실수로 이어지는 경우도 많기 때문이다.

업계 특성상 나이가 어린 내가 특별한 예외와 같았기 때문에 나는 식사를 할 때도 메뉴 선택부터 밥 먹는 방식까지 신경을 썼다. 상대의 표정 하나까지 살피며 식사 예절을 지키려고 했다. 그러다 보니 식사 중에 체할 때도 많았지만 흐트러진 모습을 보이는 것보단 그 편이 마음이 편했다.

주변에서는 이런 나의 행동들이 유난스럽다고 하기도 했다. 하지만 흠집 난 모습을 보이면 어김없이 어린 나이와 연결이 되다 보니 신경을 곤두세울 수밖에 없었다.

냉대에 대한 예의

사업을 막 시작할 때 가장 견디기 힘든 일은 돈 문제가 아니다. 내가 진입하고자 하는 분야에 이미 포진해 있는 사람들의 멸시와 하대다.

사업 초창기 냉대와 무시는 내게 가장 힘든 일이었다. 우리 회사가 규모가 작고 영세하다 보니 약자이고 을의 위치였다. 거기에다 직원들이 나이까지 어리니 더더욱 무시를 하는 것이다.

업무 이외에도 이런 저런 잔심부름이나 허드렛일을 도맡아 할 때도 많았다. 현장에서 일하는 분들은 대부분 40~50대로 수십 년씩 일해오신 분들이었다. 그들 눈에 20대인 내가 얼마나 어려

보이겠는가.

반말은 기본이고 햇병아리 꼬맹이 취급을 받았다. 가끔 의견을 말하면 "니들이 뭘 아느냐"며 항상 무시를 했다. 그럴 때마다 너무 속상했다.

비록 나이는 어리지만 시공기술이 있었고 일에 대한 열정이 있었다. 프로로 인정받고 싶었다. 하지만 현실과 이상은 너무 달랐다.

곧은 마음은 바른 태도와 외양으로 이어진다. 그것과 마찬가지로, 곧은 태도와 외양이 바른 마음으로 분명 이어진다고 나는 믿는다.

냉대와 무시를 받을수록 더욱 곧고 바른 모습을 유지해야 미워하거나 원망하는 마음이 생기지 않는다.

"냉대를 받을수록 바른 태도를 잊지 않겠다."

나이 지긋한 분들께 어떻게 냉대를 받지 않을까 고민하다가, 근사한 작업복을 입기로 했다. 전문가다운 모습을 보이기 위해 미팅을 할 때 정장을 입었던 것처럼, 시공 현장에서도 작업복을 입어 전문가다운 모습을 한눈에 보여주고 싶었다.

시공 현장에서는 여러 업체들이 한꺼번에 일을 하다 보니 어느 회사 소속인지 무슨 일을 하고 있는지 구분이 어려웠다. 우리 회사를 알리고 전문가라는 인상을 심어주는 데 우리만의 작업복만 한 것이 없었다.

이전에는 정해진 옷이 없었고 각자가 편한 옷차림이었다. 한여름에는 너무 뜨거워 토시를 팔에 꼈고 헐렁한 바지를 입었으며 겨울에는 두툼하게 껴입는 정도가 전부였다.

하지만 우리의 존재를 드러내고 우리만의 색깔이 필요하다고 생각해서 모든 직원들이 작업복을 세련된 걸로 맞추고 회사 이름과 로고를 넣었다. 현장에서 일하는 다른 사람들과 비교해보면 겉모습부터 깔끔하고 전문가스러운 느낌이 났다.

작업복을 착용한 후 다른 사람들의 시선이 달라졌다. 같은 일을 하더라도 전문가다운 느낌을 받는 것이다. 우리 직원들 역시 이전과 달리 회사에 대한 소속감과 자신이 하는 일에 자부심이 생겼다.

물론 현장 분위기를 완전히 바꿀 수는 없었다. 하지만 비록 회사의 규모는 작았지만 현장에서 성실하게 일하고 최선을 다한다는 믿음을 줄 수는 있었다. 그리고 그런 믿음이 소개로 이어져서 또 다른 일감으로 쌓였다. 그런 인연들이 계속 퍼져가면서 우리 회사가 차츰 알려지기 시작했다.

이기는 자가 강자다

전진해야 할 때가 있다면 좀 더 숙고해야 할 때가 있다. 언제까지 도소매만 해서는 내가 꿈꾸는 회사를 절대 만들 수 없다고 생각했다.

'내가 제조를 해야 한다.'

다행히 시기도 나쁘지 않았다. 당시 정부에서 신재생에너지 정책을 펼치면서 태양광을 적극 권장했다. 그런데 초창기다 보니 그런 제품을 만드는 회사가 드물었다. 박람회를 나가면 관공서나 건설업에 종사하는 분들이 대형 가로등을 만들어줄 수 있느냐는 제의를 하곤 했다.

대형 가로등은 아파트나 공공기관 등에 주로 설치되는데 크기가 무려 5미터가 넘고 가격도 20배 이상 비쌌다. 기존 도소매제품이 5~30만 원이라면 대형 가로등은 300~600만 원으로 고가였다. 물론 원가 자체도 훨씬 높았다. 하지만 이익 측면에서도 대형 조명의 수익이 훨씬 높았다. 여러 상황을 고려했을 때 제조를 시작할 적기라는 판단이 들었다.

제조업은 혼자 힘으로만 되는 게 아니다. 기술만 있다 해서 되

실력보다 심리가 승부를 좌우하기도 한다. 졌다고 포기하면 그 자리가 끝이다. 마음가짐이 역량의 한계를 정해버리는 것이다. 역전의 기회가 있다고 믿으며 끝까지 방법을 찾다 보면 기회가 온다. 반드시 이긴다는 자세로 돌진할 때 상황은 나에게 유리해진다.

는 것도 아니다.

관련 업체를 계속 물색하고 찾아가보고, 허탕을 치기도 하고, 고맙게도 소개받기도 했다. 여러 회사 사장님들을 찾아가 우리 회사를 소개하고, 내가 개발한 제품을 보여주고 만들어줄 수 있겠냐 물어봤다. 하지만 그럴 때마다 어김없이 무시의 말을 들었다.

"어린 친구가 왜 제조업을 하려고 하나?"

흔히 제조업을 시작한다 하는 분들은 대부분 해당 분야에서 실무를 착실하게 익히고, 기술적인 경쟁력은 물론이고, 협력업체들과의 관계 유지, 영업을 위한 인맥 형성 등을 위한 시간이 필요하다.

짧게는 몇 년에서 많게는 10년 이상 걸리는 일이었다. 그만큼 제조업이 만만치 않다는 의미다. 그래서 나이가 지긋한 분들이 대부분이다. 그런데 대학생이 찾아와서 물건을 만들어 달라고 하니 무시를 하는 것도 이해가 가지 않는 건 아니었다.

"사업의 세계가 이렇구나. 이길 수 있는 사람에게 기회가 간다. 그렇다면 나는 이길 수 있는 사람이 되어야겠다."

나이와 상관없이 이기는 자가 강자다.

사업의 세계는 때로 실력보다 심리가 승부를 좌우하기도 한

다. 마음가짐이 역량의 한계를 정해버리는 것이다. 반드시 이긴
다는 자세로 돌진할 때 상황은 나에게 유리해진다.

04

실 행 력

계산하는 순간 당신은 이미 졌다

"실패해서 더러운 먼지 속에서 재차 삼차 뒹굴면 어떻게 하느냐고? 다시 일어서라. 다음번에는 넘어지는 것이 그렇게 두렵지 않을 테니."

미국의 사상가 겸 시인인 에머슨의 말이다. 제조업에 뛰어들어 사업을 한다고 했을 때 주변에서 나를 비웃었다. 그때의 나는 먼지가 아니라 진흙탕, 그것도 악취가 나는 오물에 던져져 있는 듯했다.

"돈도 없으면서 무슨 사업을 한다고 그래. 더 잃기 전에 정신

차려."

"거기까지 했으면 됐으니까 세상 배웠다 치고 그만해."

친구는 물론이고 친인척들까지도 의심의 눈초리를 보냈다. 지인 2명에게 각각 250만 원씩 겨우 500만 원을 사업 자금으로 들고 대학 창업보육센터에서 사업을 하겠다고 이리 뛰고 저리 뛰는 모습이 우스워 보였을지도 모르겠다.

500만 원을 겨우 모았지만 사업 자금은 턱없이 부족했다. 어쩔 수 없이 친인척들에게 손을 벌릴 때는 무시와 수모를 당해야 했다.

사업의 첫걸음을 떼었을 때, 계획대로 척척 진행되는 일은 드물었다. 어디서 어떻게 제품을 만들어야 하는지, 어떻게 판매해야 하는지조차 막막했다. 나이가 어렸기에 인맥도 없었고 어디서 팔아야 할지 전혀 감을 잡지 못했다.

'나를 찾아올 수 있는 곳으로 가자.'

사람들이 제 발로 제품을 판단하기 위해 찾아오는 곳이 어디일까? 바로 박람회다. 전국 전시장에는 크고 작은 각종 박람회들이 열린다. 그곳에 나가면 가만히 있어도 홍보가 되지 않을까 싶었다. 나는 전국에서 열리는 건축 조명 박람회 일정을 일정표에 체크해두고 빠짐없이 다니기 시작했다.

부스를 어떻게 전시할지 제품을 어디에 전시할지 전혀 아는 게 없었고 누구에게 물어볼 사람 하나 없었지만 복잡하게 생각하기 시작하면 머리만 어지러웠다.

"할 수 있는지 없는지 계산하지 말자. 계산하는 순간 두렵기만 하다. 그냥 하자."

자본금 500만 원 중 박람회 참석비용으로 250만 원, 카탈로그 제작비용으로 250만 원을 썼다. 사업 초기 자본금을 모두 소진한 것이다.

그러고 나니 수중에 돈이 하나도 없었다. 혹여 주문을 받으면 물건을 보내줘야 하는데, 그 물건을 사올 돈조차 없었다. 큰돈을 쓸 수는 없어서 작은 신용카드 리더기를 산 다음, 신용카드로 결제하면 3일 후 입금이 되니 그 돈으로 제품을 사서 보내주자 싶었다.

처음부터 철저하게 계획하고, 계획대로 되지 않으면 절대 안된다는 마음으로 시작했다면 나는 결코 이 자리까지 오지 못했을 것이다.

모르면 부딪쳤다. 몰라도 일단 했다. 하다 보면 길이 보였다. 내가 이 일을 하는 이유, 그 뜻이 확고하다면 사업이든 인생이든 길이 열릴 거라고 믿었다. 몰라서 못하겠다는 말은 사업가가 가장 경계해야 하는 말이다.

　박람회가 열리는 4일 동안 4,000만 원 매출을 올렸다. 한마디로 대박이 난 것이다.

"아. 이게 되는구나."

　주변에서는 젊은 친구가 어떻게 그리 수완이 좋으냐며 대견해했다. 그런데 23세밖에 안 된 내게 대단한 비법이 어디 있겠는가? 다만 어려서부터 아르바이트를 하면서 사람들을 많이 만나다 보니 사람을 응대하는 일이 어렵지 않았다. 더욱이 박람회를 찾아오는 분들이 대부분 부모님 연배로 그저 우리 어머님 아버님 같은 느낌으로 친근했다. 그래서인지 손님들과 편하게 대화하고 열정적으로 대하면서 매출로 연결되었다.

　쓸모없는 경험은 없다. 모든 경험은 인생의 윤활유다. 당장은 '어쩔 수 없이 시작했다'해야만 해서 했다'라고 생각하며 울며 겨자 먹기로 하고 있는 일이 있을지도 모른다. '이런 게 도움이 될까' 싶은 일도 시간이 지나 언젠가 어떻게 해서든 자신의 인생에 도움이 되는 날이 분명히 온다.

　그 경험이 인생의 커다란 발판은 아닐지도 모른다. 하지만 인생의 윤활유 역할은 반드시 한다.

계산하면
변명만 생긴다

판매를 할 때 비용을 지불하면 설치해주겠노라 자신 있게 말했다. 그런데 그때까지 나는 한 번도 설치를 해본 적도 없었다. 그럼에도 걱정이 되질 않았다. 땅을 파서 가로등을 묻으면 된다고 아주 단순하게 생각했다. 주변에 아는 사람도 없고 물어볼 사람도 없었다.

그렇게 머릿속 상상만으로 설치 시공을 나갔다. 그런데 막상 설치하려고 보니 막막했다. 하루에 작업을 끝내지 못하고 근처 모텔에서 하룻밤을 보내고 아침부터 또 작업을 시작했다. 그렇다 보니 처음에는 하루에 1개도 설치를 못하는 날도 많았다. 그렇게 계속 실패를 거듭해가면서 설치 작업에 익숙해져갔다.

전문가를 채용했다면 훨씬 수월했을 텐데 그때는 그런 생각조차 하지 못했다. 나이 어린 대학생 사장이 부른다고 누가 흔쾌히 오겠는가. 그렇게 시행착오를 하면서 차츰 요령을 익혀나갔다.

수차례 작업 끝에 조명에 불이 들어왔을 때의 뿌듯함이란 뭐라 말로 표현하기도 어려웠다. 불이 켜지면 나도 고객들도 다들 신기해했다.

나중에서야 이 복잡하고 어려운 성형 작업을 간단하게 해결할 수 있는 제품이 있다는 걸 알게 되었다. 땅을 판 후 묻으면 끝이었다. 가격도 비싸지 않았다. 진작 알았더라면 그간 고생하지는 않았을 텐데 하는 허탈함도 있었지만 전국 박람회를 다니고 고객을 일대일로 직접 만나 시공도 하면서 시장의 생태와 판매의 노하우를 배울 수 있었다.

그 분야에 대해서 많이 알면 이것저것 따졌을 것이다. 이건 이래서 안 되고 저건 저래서 안 된다는 우려에 초보자인 나는 앞으로 한 발짝 나아가기도 조심스러웠을 것이다. 살얼음판을 걷는 기분이었을 것이다.

아는 게 없기도 했거니와 실패해도 잃을 게 없다는 마음가짐이 자신감으로 작용했다. 어떻게든 해내면 되지 싶었다.

전국에 시공을 다니면서 멸시도 많이 당했다. 언젠가 한번은 아침 일찍 전원주택에 설치 작업을 하러 갔다. 점심 때쯤 가족들이 바비큐파티를 벌였다. 예의상 한 번쯤 먹어보라 권할 법도 한데, 아침부터 작업하는 걸 뻔히 알면서 아무런 말이 없었다.

맛있는 냄새와 왁자지껄한 웃음소리 옆에서 그곳에 없는 사람마냥 작업을 하고 있자니 그게 너무 서운했다. 당시는 지금의 아내와 연애할 시간조차 없어서 주말에 시공 나갈 때 부산, 대전,

⋮

　처음부터 철저하게 계획하고, 계획대로 되지 않으면 절대 안 된다는 마음으로 시작했다면 나는 결코 이 자리까지 오지 못했을 것이다. 모르면 부닥쳤다. 몰라도 일단 했다. 하다 보면 길이 보였다. 몰라서 못하겠다는 말은 사업가가 가장 경계해야 하는 말이다.

청주 등 전국을 함께 다니는 게 유일한 데이트였다. 그런데 하필이면 그날 아내와 함께 간 날이었다.

혼자였다면 이보다 더 비참해도 괜찮았다. 하지만 사랑하는 사람과 함께 있는 자리에서 설움을 당하니 너무 화가 났다. 그곳의 상황도, 그럴 수밖에 없는 나 자신에게도 화가 나 속이 부글부글 끓었다. 그때 지금의 아내에게 약속했다.

"내가 돈 많이 벌어서 저 집보다 더 큰 집을 지을게. 꼭 성공하자!"

걱정과 두려움을 몰아내는
몰입력

판매를 하며 사업 자금을 마련하고, 자체 개발을 위한 준비도 계속 해나갔다. 주로 낮에는 업무를 처리하고 밤에는 연구에 집중했다.

휴대용 접이식 침대에서 새우잠을 자면서 일을 했다. 학교 건물이라 샤워실이 없어서 화장실에서 문을 잠근 채 바가지로 샤워를 했다. 밤낮없이 일에 몰두하다 보니 하루 24시간이 부족했고 2~3일씩 밤을 새우는 일도 잦았다. 부족한 잠은 낮에 쪽잠을

자며 버텼다.

그 일에 내 모든 것을 걸었다. 나 자신과의 싸움이었다. 그래서 힘들고 피곤하다는 생각은 거의 없었다. 뭔가 계속 연구하는 일이 재미있었고 어떻게든 성공시키겠다는 절실함과 간절함이 피곤함도 모르게 한 것 같다.

시제품을 만들어 설치해보고, 분해해서 수정하고 다시 수정하는 과정이 계속 반복되었다. 학교 한 켠에서 사업을 시작하다 보니, 기술적으로 풀리지 않는 부분은 교수님들을 찾아가 조언을 받았다. 그렇게 6개월쯤 지났을 때 드디어 원하는 수준의 제품이 완성되었다. 수없이 날밤을 세우며 집중했던 그간의 노력과 시간들을 보상받는 기분이었다.

그즈음 운도 따라주었다. 중소기업청에서 예비기술 창업육성 과제를 실시했는데 그중 200개 회사를 선정하여 지원을 해주었다. 그 대회에서 초고효율 태양광 셀Cell, 컨트롤러 핵심기술로 우수상을 받게 되었고 5,000만 원을 지원받았다. 그 지원 덕분에 태양광 가로등 개발에 좀 더 박차를 가할 수 있었다.

기술개발은 물론이고 박람회 참가, 전화 응대, 택배 발송, 세금계산서 발행, 현장 시공까지 지금은 여러 부서에서 하는 모든 업무를 혼자서 다했다. 돌이켜보면 그 많은 일을 어떻게 혼자서 다해냈는지 싶다.

'망하면 어떡하지'라는 걱정이나 두려움보다, '젊은데 다시 일어서면 되지'라는 생각으로 앞만 보고 달렸다. 성공에 대한 목마름이 몰입하게 만들었다.

05

인 간 력

마음을 얻으면 매출이 바뀐다

영업을 잘하는 비결이 뭐냐는 말을 들을 때면 얼굴이 화끈거리고 몸 둘 바를 모르겠다. 업계에는 수십 년 동안 영업만 전문으로 해오신 분들도 많다. 이에 비해 이제 사업 10년차인 내가 비결을 이야기한다면, 신뢰를 얻으려 했던 여러 노력들이 하나둘 결실을 맺는 게 아닐까 싶다.

"사업은 망해도 괜찮다. 다시 일으켜 세우면 되니까. 하지만 신용을 잃으면 사업은 그것으로 끝이다. 신용, 신뢰라는 것은 자본보다 훨씬 중요하다. 돈이 없어도 사업은 할 수 있지만 신용

없이는 사업을 할 수도, 성공할 수도 없었다."

고 정주영 회장님의 말씀이다. 이 구절을 읽으면서 어떠한 상황에서도 신용을 목숨처럼 지켜낸 신념에 큰 감동을 받았다. 나역시 앞으로 사업을 한다면 신뢰를 중요하게 여겨야겠다 다짐도했다.

창업을 한 이후로 나이가 어리다는 이유로 실무 담당자들로부터 수없이 거절당하고 외면받았다. 이후 나의 부족함을 극복하기 위해 수많은 노력을 했고 이후 업계에 많은 분들과 하나둘 인연을 만들어왔다.

그러면서 사업은 신뢰로 맺어져 신뢰로 마무리를 해야 한다는 것을 절실히 깨달았다.

작고 신생 회사일수록 신뢰가 최우선이다. 나를 믿게 만드는 게 가장 중요하다.

그렇게 이어온 시간들이 벌써 10년째다. 처음 이 업계에 발을 내딛었을 때는 아는 사람이 단 한 명도 없었다. 하지만 언제부터인가 내 서랍 속에는 수백 장의 명함이 쌓여갔고, 핸드폰에는 수많은 고객사들과 협력업체들의 연락처가 계속 늘어갔다.

어떤 경우는 한 번의 만남으로 끝나기도 하고 또 어떤 경우는 사업 초기부터 인연이 되어 몇 년째 계속 거래를 이어오기도 했다. 그렇게 여러 업종의 다양한 사람들을 만나면서 이전에 비해 영업에 대한 두려움도 많이 사라졌고, 나만의 신념들도 몇 가지 생겨났다.

팔지 말고 얻어라

그중 첫 번째는 영업을 잘하려면 제품을 팔려 하지 말고 마음을 먼저 얻어야 한다는 것이다.

경쟁업체들과 겨루기 위해서는 최고의 품질은 기본이고, 마음이 움직이는 최적의 가격을 제시해야 하며, 제안서의 내용도 한눈에 띄도록 차별성이 있어야 한다. 또 고객사에게 우리 회사와 제품을 잘 알려서 매력적인 인상을 심어줄 수 있어야 한다.

아무도 모르는 신생 회사일수록 고객의 마음을 움직이는 각 단계 어느 것 하나 소홀히 할 수 없다. 무엇 하나 소홀히 하여 각 단계의 아귀가 안 맞는 순간 탈락이다.

하지만 이보다 먼저 필요한 과정이 있다. 바로 고객사, 즉 구매를 결정하는 상대의 마음을 열어야 한다는 점이다. 남녀 간에도 상대를 좋아한다고 해서 무작정 질주하면 그 만남은 이어지기가 힘들다. 마음을 여는 게 우선이다. 그래야 다음이 있다.

영업도 마찬가지다. 수주산업, B2B 세일즈는 사람의 마음을 얻고 더 나아가서는 기업의 마음을 얻는 일이다. 마음을 열어야 우리 제품과 회사에 관심을 가지게 되고 매출 기회로 연결될 수 있다.

그런데 대개 영업사원들이 고객을 만나면 제품 이야기를 먼저 꺼낸다. "우리 제품은 이게 좋고요. 저게 좋고요."하며 제품 이야기에 열을 올린다. 하지만 제품을 먼저 팔려고 하면 비호감으로 마음이 닫히기 마련이다. 상대의 감정상태, 환경을 고려하지 않고 자신의 상품만 강조하면 역효과를 낼 수 있다.

나는 영업차 누군가를 처음 만나며 우리 회사와 제품에 대한 이야기는 아예 꺼내지도 않았다. 대신 상대가 어떤 사람인지 궁금했다. 비록 영업을 계기로 만났지만 그 사람이 어떤 사람인지 알아 가면 좋겠다 싶었다. 가벼운 날씨이야기부터 시작해서 서로가 살아온 이야기, 세상 사는 이야기를 나누는 게 전부였다. 제품 이야기는 아예 하지 않았다.

가끔 상대가 먼저 일 이야기를 꺼내면 화제를 돌렸다. 만나는 분들이 대부분 어른들이었기에 경청하려 했고 무엇이라도 배워야겠다 싶었다. 그래서 내 이야기를 하는 것보다는 들어주는 일이 더 많았다. 그러자 사람들이 다들 의아해하는 것이다.

"다른 영업사원들은 제품 이야기하기 바쁜데 이 친구는 왜
제품 이야기를 안 하지?"

그 이후의 만남에서도 마찬가지였다. 가끔 상대를 만나서 식
사를 하고 서로의 안부를 묻고 살아가는 이야기를 하는 게 전부
였다. 그런 과정에서 서로에 호감을 느껴 인간적으로 가까워졌
고 나중에는 형, 동생 관계로 친해지게 되었다.

하지만 그러면서도 제품 이야기는 꺼내지 않았다. 주변에서는
왜 그렇게 영업을 하느냐며 젊은 사람이 영업할 줄 모른다고 핀
잔을 주기도 했다. 하지만 나는 생각이 달랐다.

'서로가 마음이 맞고 통하는 부분이 생기면 언젠간 도와줄 수
도 있겠지. 설사 못 도와준다 해도 그만이다.'

사람을 많이 알면 좋은 일도 생기지 않을까 하는 가벼운 마음
으로 인연을 이어나갔다.

그런데 언젠가부터 상대방들이 나에게 마음을 열기 시작했다.
다른 사람들처럼 매출을 올리려고 급급하기보다는 진심으로 자
신의 이야기에 귀 기울여주고 공감해주는 모습에 마음이 열린
것이다. 그렇게 나에 대한 믿음과 신뢰가 느껴지자, 차차 우리 회

사와 제품에 대해서도 자연스럽게 관심을 가져주었다. 그런 만남을 통해서 깨달은 사실이 있다.

'영업은 사람의 마음을 얻는 일이구나.'

만약 내가 처음부터 제품을 팔기에 급급했다면 어땠을까? 상대의 마음의 빗장은 열리지 않았을 것이며 사업 기회도 얻지 못했을 것이다.

그래서 지금도 우리 직원들에게 제품을 팔려고 하지 말고 항상 상대의 마음을 얻으라고 이야기한다. 제품 품질, 저렴한 가격, 좋은 제품을 최적의 가격으로 만드는 것은 너무 당연하다. 이것은 기본의 기본이다. 영업의 첫 관문은 상대방의 마음의 문을 여는 것이다. 사람의 마음을 먼저 열어야 제품 이야기도 할 수 있는 것이다.

06

사 명 감

태양을 만드는 사람이 되자

오늘날 조명 없는 하루는 상상할 수 없다. 하나의 조명이 가진 힘은 실로 대단하다. 어둠 속에서 사람들의 안전과 시야를 확보하는 중대한 역할은 물론, 추운 날 움츠린 사람들에게 따뜻한 온기를 전해준다.

조명 하나 없는 크리스마스, 불빛이 꺼진 등대, 조명이 모두 꺼진 도시의 야경, 아이와 머리를 맞대고 누워 읽는 동화책을 비추는 한밤중 한 줄기 빛…. 작은 조명 하나가 일으키는 변화는 실로 놀랍다. 조명 하나로 꽁꽁 얼어붙은 마음이 녹기도 하며 행복한 기분을 느끼게도 해준다.

그러니 대충 일할 수가 없다. 조명 하나하나를 설치할 때마다 책임감은 물론이고 사명감마저 느껴진다.

우리 일은 단순히 물건을 판매하는 일이 아니다. 조명 설계에서부터 제품 제조, 현장 설치, 사후 마무리까지 여러 단계를 거친다. 신뢰를 얻으려면 모든 과정이 완벽해야 한다. 조금이라도 빈틈이 보인다면 외면받을 것이고, 지속적인 관계는 요원해질 수밖에 없다.

머릿속에는 늘 완벽이라는 단어가 떠나질 않았다. 제품의 품질은 물론이고 현장 설치부터 마무리까지 모든 단계에서 완벽해야 한다고 수십 번을 다짐했고, 회사 직원들에게도 이러한 신념을 늘 강조했다.

의뢰받은 일이라고
생각하는 순간 망한다

가장 애정을 쏟는 부분이 바로 현장 설치였다. 몇 년 전만 해도 업체 중 조명을 직접 설계해서 제조하고, 설치까지 직접 하는 곳이 드물었다. 업계에서 이 모든 과정을 직접 하는 곳은 우리 회사가 유일했다.

우리보다 규모가 큰 회사들도 현장 설치는 전부 아웃소싱을 맡긴다. 왜일까? 그만큼 현장 일이 힘들고 고되기 때문이다.

그런데 안타깝게도 외주를 주면 책임감을 가지고 성실히 마무리하는 경우가 드물다. 출퇴근 시간을 지키지 않는 것은 물론이고 정해진 설치 날짜를 미루는 일도 다반사였다. 게다가 설치에 급급해 제대로 확인조차 하지 않고 가버려 재시공 요청을 받기 일쑤다. 이외에도 이런 저런 이유로 설치에 대한 불신이 심했다.

이런 모습을 보면서 우리는 그들과 다르게 신뢰를 주고 싶었다. 의뢰받은 일이라 생각하지 않고 우리가 이 현장의 주인인 것처럼 주인의식을 가지고 일을 하자고 생각했다. 우리가 이 현장의 주인이라 생각하고 완벽할 것을 강조했다.

"의뢰받은 일이라고 생각하는 순간 소홀하게 됩니다. 의뢰받았다고 생각하지 맙시다. 내 것이라고 생각합니다."

설치한 결과물이 제대로 나오지 않을 때는 먼저 재작업을 하는 일도 다반사였다. 주변에서는 왜 고생을 사서 하느냐며 미련스럽다고 이야기했다. 하지만 완벽한 설치는 고객사와의 약속이며 당연한 의무였다.

A건설에서 진행하는 아파트 내/외부 전체에 조명을 설치할 때였다. 조감도를 보고 조명의 위치, 종류, 컬러 등을 모두 설계한

후 설치까지 마무리하는 일이었다. 설계도에 따라 단순히 설치만 하는 일로 끝날 수 있었다. 하지만 이곳에 사는 입주민들이 더 편하고 더 아늑한 공간이 될 수 있도록 설계도와 현장을 계속 비교해가면서 더 좋은 결과물을 찾아내느라 여념이 없었다.

그 과정에서 조명의 색깔과 위치, 각도를 수십 번 계속 조정해나가며 재설치를 반복해나갔다. 하필 그때가 한겨울이라 작업과정이 힘들었지만 추위에 언 손을 녹여가면서도 묵묵히 해나갔다. 만약 이곳의 주인이라는 생각이 없었다면 하지 못했을 것이다.

일회성 고객만 만들 거라면
그 정도만 해라

일에 대한 책임감은 물론이고 프로의식을 발휘해야 한다. 특히 조명은 건물과 터널, 일상을 밝히는 화룡점정의 역할을 한다. 잘 설치된 조명은 사람들에게 오랫동안 기억될 뿐 아니라 건물의 가치를 높여주는 효과까지 줄 수 있다.

단순 설치만으로는 사람들에게 감동을 줄 수 없다. 사람들이 보았을 때 가장 아름다운 불빛을 만들어내기 위한 빛의 색깔과 각도를 찾아야 한다. 그런데 조명의 각도는 한 번에 찾아지는 것이 아니라 수백 번 테스트를 거쳐야 찾아질 수 있다.

마치 조명에 혼을 담는다는 생각으로 온 열정을 쏟아부어야 만족한 결과물을 얻을 수 있다. 똑같은 조명으로 설치를 해도 설치하는 사람의 열정과 노력에 따라 결과물은 천지 차이다.

언젠가 한번은 청라의 유명 주상복합건물 옥상에 경관조명을 설치할 때였다. 당시 우리가 맡았던 청라의 유명 건물은 다른 곳에 비해 건물이 높은 것은 물론이고 동과 동 사이의 간격이 넓었다. 더욱이 각 동과 동 사이에 통신까지 함께 이루어져야 했다.

최적의 각도가 찾아지지 않았다. 그래서 1층에 있는 직원과 옥상에 있는 직원이 무전기로 수신을 하면서 오른쪽 왼쪽 방향을 수백 번 조정 작업을 했다. 한 달 넘게 직원들이 매달려서 작업을 하는데도 정말 쉽지가 않았다. 주변에서는 왜 이리 고생스럽게 작업을 하느냐며 이해를 하지 못했다.

결코 대충할 수가 없었다. 밤 10시를 넘겨 하는 일도 많았다. 나중에는 현장 관리자가 문을 닫아야 하니 그만 철수하라고 했다. 하지만 조금만 더 기다려달라고 말하며 작업을 했고, 밤 12시가 넘어서야 드디어 만족스러운 각도를 찾을 수 있었다. 그리고 마지막으로 모든 건물 전체에 불이 켜지는 순간 그 광경이 너무 황홀하고 멋졌다. 그때의 기분은 뭐라 말로 표현할 수 없었다.

:

규모가 큰 회사들은 현장 설치를 전부 아웃소싱을 맡긴다. 왜일까? 그만큼 현장 일이 힘들고 고되기 때문이다. 하지만 외주를 주면 책임감을 가지고 성실히 마무리하는 경우가 드물다. 우리는 그 지점을 주목했다. 제조부터 설치까지 남들은 하지 않는 것을 유일하게 해내는 회사를 만들어야 살아남는다.

그간 힘들었던 모든 순간들을 보상받는 기분이었다. 그제야 우리의 모든 일이 마무리되었다.

우리는 소위 하청업체였다. 하지만 하청업체 직원이 아니라 이곳의 주인이라는 책임감을 가지고 임했다. 이런 노력 덕분에 현장에서 신뢰를 얻었고, 다음 프로젝트에 우리 회사를 선택해주는 횟수를 늘려나갔다.

사업을 막 시작했을 때는 일감을 수주하기만 하면 좋은 거라 생각했다. 기술로 승부하면 인정받는다 생각했고, 열심히 제품을 만들어 납품했다. 그러면 돈은 저절로 따라오는 거라 생각했다. 그런데 현실은 내 생각과 전혀 달랐다.

회사의 규모가 작고 영세하다 보니 발주받은 일들이 위험이 높은 일들이 대부분이었다. 하지만 리스크를 분석할 수 있는 능력이 없어 모두 기회라 생각했고, 발주를 받으면 일단 제품을 납품하고 설치하기에 바빴다. 그런데 그런 일들의 상당수가 사기였다. 넘어지고 깨져본 후 일련의 사건을 깨달으면서 수주시장의 현실을 깨달아갔고 신중해졌다.

처음 수주했던 A초등학교 일을 잊지 못한다. 그 프로젝트는 1억 원에 상당하는 큰 일감이었다. 당시 회사 연매출이 7,000만 원 정도였는데 우리 규모에 비해 큰 일감을 수주한 셈이었다. 그러니 한없이 큰 꿈에 부풀어 있었다. 기술력이 있으니 인정받는구나 싶어 정말 신나게 일했다.

하루에 3~4시간 자고도 전혀 피곤하지 않았고 그야말로 세상이 장밋빛이었다. 그런데 돈을 달라고 찾아가니 1차 벤더가 부도가 나서 돈을 못 준다는 것이다. 1차 협력사가 법정관리에 들어가는 바람에 돈을 못 모아서 2차 협력사인 자신들도 돈을 줄 수 없다는 것이다. 아무 잘못도 하지 않았고 기술력으로 제품을 잘 만들어 납품했는데 왜 돈을 못 받는다는 건지 당시 내 상식으로는 도저히 이해가 되지 않았다.

급한 마음에 설치된 제품을 철거하려 하니 절도라고 하며 되레 우리에게 잘못이 돌아왔다. 설치가 끝나면 소유권이 이전된 것으로 본다는 것이다. 이런 법적인 부분도 몰랐기에 이러지도 저러지도 못하고 당황스럽고 난감하기만 했다. 그때부터 2차 협력사에 매일 찾아가 돈을 줄 때까지 버텼다. 2주 넘게 발버둥 치며 버텼지만 어찌할 도리가 없었다. 도소매를 할 때만 해도 이런 적이 한 번도 없었다. 그런데 제조업은 달랐다.

작고 영세한 업체를 골라서 일부러 사기를 치는 업체들이 있었다. 소송을 제기하기도 했지만 법은 서류 중심이었다. 심증은 있었지만 그들이 치밀하게 짜놓은 시나리오에 도저히 당해낼 방법이 없었다. 지구 끝까지라도 찾아가서 그 돈을 받겠다고 독을

품었고 실제로 3년 동안 끝까지 물고 늘어져서 돈을 받아냈다.

현장에서 이리 치이고 저리 치일 때마다 이를 갈았고 몸속에 오기가 남았다. 그러면서 수주산업, 발주체계, 협력사들 간의 복잡한 관계에 대해 배워나갔다.

넘어지면서 배운다는 말이 있다. 어렸을 때 자전거를 배우면서 귀가 아프도록 들었던 말이다. 사업도 마찬가지다. 수주산업에 대한 지식이 전무했기에 수없이 여기저기서 치였다. 현장에서 계속 넘어지고 다시 일어나면서 반복하며 하나둘 배웠다. 그때마다 이 꽉 깨물고 죽기 살기로 회사를 성장시켜야겠다 다짐했다.

BUSINESS

INSIGHT

2부

어떻게 제로에서
새로운 가치를
만들 수 있을까

: 새로운 시장을 개척하는 법

수많은 사람들이 '내 아이디어는 특별하다'며 사업을 시작하지만 현실은 냉정하기 그지없다. 조사에 따르면 창업 후 70%는 시장에서 냉혹하게 퇴출 당하고 20%는 거우거우 생존을 유지하며, 10%만이 남다른 차이를 보인다. 사업 자금이 없어 매일 은행을 들락거리고, 약한 회사에는 아무도 수주를 주지 않으려고 해 온갖 허드렛일을 도맡아 하며, 기회인 줄 알고 뛰어들었지만 허탕을 치기 수십 번을 하는 것이 작은 회사의 운명이다. 냉혹한 사업의 세계에서 어떻게 0에서 새로운 가치를 만들 수 있을까? 2부에서는 치열한 사업의 세계에서 어떻게 남다른 가치를 만들어내는지 알아본다.

존경의 단계에 이르기까지 고객과의 절대적인 관계를 구축하는 것,

그것이야말로 진짜 비즈니스다.

_이나모리 가즈오(교세라 그룹 창업자)

01

위 기 의 결 단

나를 찾지 않는 날은 반드시 온다

작은 기업은 하나의 아이템만 고집할 수 없다. 새로운 먹을거리가 필요하다. 지금 당장은 아닐지라도 수요는 점차 줄어들어 언젠가는 더 이상 우리 제품을 찾지 않는 날이 반드시 온다.

우리 회사가 태양광업계에서 1위를 차지할 만큼 성장해 있던 때였다. 하지만 태양광은 태생적으로 시장규모가 작다는 한계가 있었다.

변화가 감지되었다. 그때 가서 후회한들 아무런 소용이 없다. 미리 준비를 해야 했다.

당시 LED조명은 저전력, 무수인, 긴 수명 등 친환경적 요소를 두루 갖추고 있던 덕분에 2000년 후반부터 전 세계적으로 주목받기 시작했고, 우리나라에서도 도입이 되어 시범적으로 적용해 나가고 있었다.

바로 이때 우리가 시장에 발 빠르게 진출한다면 충분히 경쟁력이 있겠다는 판단이 들었다. 조만간 LED시장이 크게 성장하겠다는 확신이 생겼다.

언뜻 생각하면 태양광과 LED조명은 전혀 성격이 다르게 보인다. 하지만 태양광 기술을 반대로 접목하면 LED조명이 된다. LED조명은 전자적인 특성이 있는데, 우리 회사의 최대 강점이 바로 전자기술이었다. 이 기술을 LED조명에 접목해서 제품을 개발한다면 충분히 가능성이 있었다.

기술력이 있어도 판로를 개척하지 못하면 무의미하다는 것을 이미 톡톡히 경험한 뒤였다. 신중해야 했다.

당시 국내 LED조명 제조업체들은 대부분 제조에 전념했다. 판매는 총판이나 대리점에 위탁하는 형태였다. 이유는 제조회사가 판로 개척까지 하기란 현실적으로 쉽지 않기 때문이다.

그런데 우리는 비록 작은 회사였지만 영업이 가능했다. 무엇보다 우리는 그간 태양광 조명 사업을 해오면서 인연을 맺어온

다수의 1, 2차 협력사들이 있었다. 그들을 상대로 영업을 해서 LED 일감을 수주하면, 그 현장에 우리가 개발한 LED조명을 설치할 수 있었다. 그렇게 되면 초기에 LED시장에 진입하는 일이 조금은 수월할 듯했다.

모든 제품이 그렇지만 LED조명 역시 단기간에 만들어지는 제품이 아니다. 광원, 조명, 칩, 회로 등을 연구하고 개발하는 데 많은 시간이 소요된다. 그 과정에서 시제품을 만들어서 수없이 테스트한다.

개발에 성공하면 제조에 들어가게 된다. 그리고 마지막으로 정부인증신청 과정을 거친다. 그러다 보니 짧게는 6개월에서 많게는 2년이라는 시간이 소요되기도 한다.

도대체 어디서
자금을 마련한단 말인가

기간보다 더 큰 문제는 자금이다. 제품을 생산하기 위해서는 공장, 장비와 시설, 수십 명의 인력 등 개발 인프라가 필요했다. 그리고 그 인프라를 갖추려면 최소 20~30억이 필요했다. 세상에 투자 없이 이룰 수 있는 일은 없다지만, 투자비용이 정말 만만치 않았다.

"이 큰돈을 투자받는다고 해도 수요를 확실히 보장받기도 어렵다. 한 번의 잘못된 선택이 회사의 운명을 바꿀 수 있다."

최대한 양보하여 내부에서 회로설계와 금형까지 끝낸 후 완제품 조립은 외주방식으로 개발해도 많은 자본이 필요했다. 연구인력채용, 공장셋업비, 금형비, 원자재대금, 운영비까지 최소 10억은 필요했다.

동아줄이라도 잡고 싶던 그때, 우리 회사가 수출유망중소기업으로 선정된 사실이 떠올랐다. 그 기업에 선정이 되면 정부의 여러 기관에서 자금조달, 홍보 등 여러 부문에서 지원받을 수 있는 혜택이 있었다.

그중 가장 현실성이 높아 보이는 기관이 기술보증기금이었다. 수십 건의 특허와 실용신안 등이 있어서 도움을 받을 수 있을 것만 같았다.

기술보증기금을 찾아가 자초지종을 설명하고 자금지원을 요청했다. 그런데 담당자로부터 내 예상과 전혀 다른 답변이 돌아왔다.

"기술이 있어도 매출이 없으니 안 됩니다. 매출을 낸 이후에 찾아오세요."

"아니, 이제 시작하는 기업이 매출이 어디 있습니까? 투자를 받아 개발해서 매출을 내는 거죠."

"그럼, 담보라도 제공하세요."

"지금 청년 창업을 했는데 담보가 어디 있겠습니까? 그리고 담보가 있으면 뭐 하러 여기 오겠습니까? 은행에 가서 대출을 받지요!"

"사정은 이해하지만, 그래도 담보가 없으면 대출은 어렵습니다."

너무 울화통이 치밀어서 나도 모르게 큰소리를 쳤다.

"아니 기술보증이라면서요? 그러면 기술을 가지고 평가해야지 왜 자꾸 다른 것을 요구하는 겁니까? 기술만 봐야지 왜 매출을 보고 왜 신용도를 보는 겁니까?"

하지만 규정상 어쩔 수 없다는 대답이 돌아왔다. 이후로도 몇 번이나 찾아가 사정을 해보았지만 어찌해볼 도리가 없었다. 정부 정책이 바뀌지 않는 이상 현실적으로 기금에서 지원을 받기란 불가능했다.

'도대체 어디서 자금을 마련한단 말인가.'

그 즈음 여러 매체에서 IT기업들이 외부기관에서 몇 억씩 투자를 유치했다는 소식이 흘러나왔다. 그런 이야기를 듣자 가만히 있을 수 없었다.

　이전에는 외부기관을 통해 자금을 투자받겠다는 생각을 단 한 번도 해본 적이 없었다. 우리 회사와는 너무 먼 나라의 이야기였다. 은행에서도 대출이 어려운데 투자사에서 해줄 리가 만무하지 않은가. 하지만 막상 자금을 구할 곳이 없자 지푸라기라도 잡자는 심정으로 도전해봐야겠다 싶었다.

　외부투자는 일반 시중은행에서 대출을 받는 것과는 성격이 다르다. 투자를 유치하기 위해서는 오래전부터 많은 준비가 필요하다.

　하지만 그 시절 나는 외부투자유치에 대해 전혀 아는 바가 없었다. 주변에 그런 일을 도와줄 사람도 없었고, 심지어 IR자료를 준비해야 한다는 사실도 몰랐다. 그저 믿을 건 용기 하나였고 일단 부딪쳐보자 싶었다.

　다만 회사소개서 정도는 필요할 듯해서 그간 우리가 해왔던 여러 수주 실적, 시공사례, 기술 등을 위주로 간략하게 몇 장 만들었다. 지금 생각해보면 모르기 때문에 용감하던 때였다.

　무작정 A사 투자담당자를 찾아갔다. 그런데 담당자가 나를 보더니 의아해했다. 지금은 청년 창업이 활성화되었지만 당시에는 청년 창업이 굉장히 드물었다.

더욱이 당시에 외부투자는 IT 업종이나 서비스업 중심으로 이루어졌고 대기업을 제외하고는 제조업에 투자하는 경우는 거의 없었다.

그런 상황에서 제조업에 종사하는 20대의 젊은 대표가 돈을 투자해달라니 황당해하는 반응도 무리는 아니었다. 하지만 그런 반응들이야 자주 경험한 일이라 당황하지 않았다. 그리고 준비한 회사소개서를 내밀었다.

그런데 자료를 넘기는 담당자의 표정이 심상치 않았다. 적어도 투자를 받으려면 핵심기술 설명, 연구진, 시장성장추이, 매출계획, 마케팅 전략 등등이 있어야 했다. 그런데 그런 내용은 전혀 없고 간략한 회사소개 내용이 전부였다. 그러니 얼마나 어이가 없었겠는가. 그는 면전에서 바로 거절하기가 힘들어서 돌려서 말을 꺼냈다.

"현재 태양광 시장이 시장규모가 작고 또 LED시장에서 기술이 미흡하니 아무래도⋯."

"맞습니다. 그래서 투자를 해주시면 그 자금으로 기술을 개발해서 시장에 진출해볼까 합니다."

그러자 이후 담당자는 수십 개의 질문을 쏟아냈다. 구체적으로 구현된 기술이 있는지, 연구인력 구성은 어떠한지, 어떻게 시장을 개척할 것인지, 투자금은 어떻게 사용할 것인지, 그런 질문을 듣고 나니 머리가 멍해졌다.

막연하게 내 머릿속에 이런 저런 계획은 있었지만 확정된 사실은 아무것도 없었다. 나 역시 세밀하게 문서화된 계획을 세운 적은 없었다. 그러니 머릿속에 단어 몇 개가 둥둥 떠다닐 뿐 대화가 제대로 될 리가 없었다. 다시 찾아오겠다는 말을 남기며 자리를 나오는데 너무 부끄러웠다.

이후 담당자의 질문에 답을 준비해 몇 번 더 찾아갔다. 하지만 외부투자를 받기에는 미흡해 보인다는 대답만이 돌아왔다. 그렇게 외부투자도 별다른 성과 없이 끝났다. 여기저기서 거절당하고 나니 기운이 빠졌다.

0에서부터 시작하는
기술개발

간절히 원하면 길이 보인다고 했던가. 사회 전반에 신재생에너지가 화두로 떠오르면서 정부에서 관련 기업에 지원 정책들이 발표되었다. 그 소식에 기술보증기금에 다시 문을 두드렸다. 다행히 이전과 분위기가 달라져 있었다.

비록 매출과 담보는 부족했지만 다른 기준에서 높은 점수를 받았다. 아주 운이 좋게도 2009년도 '기술창업 우수사례 경진대회'에서 우수상을 받았다. 당시 청년 창업가 중 신재생에너지에 활동하는 사람이 드물었던지라 이 부분에서 가산점을 받았고 우리 회사가 보유하고 있던 30건의 특허들이 긍정적으로 작용해 재평가를 받았다. 이후 몇 차례의 현장실사가 이어졌고 최종적으로 6억을 대출받을 수 있었다.

물론 이 투자금은 절대 여유로운 자금은 아니었다. 하지만 뭐든 생각하기 나름이다. 몇 달 전 막막했던 상황과 비교해보면 시작은 해볼 수 있겠다 싶었다. 그런데 한 고비 넘기면 또 한 고비라고 이번에는 인력이 구해지지 않았다. 전체 개발을 이끌어 갈 책임기술자와 그와 함께 발을 맞춰갈 엔지니어 2~3명이 더 필요했다. 그래서 구인사이트에 채용공고를 올렸다. 그런데 지원하는 사람이 단 1명도 없었다. 신생회사에 규모도 작고 거기에 급여까지 많이 줄 수 없다 보니 문의조차 없었다. 결국 공개채용으로 사람을 구하는 것은 포기였다.

하는 수 없이 주변 인맥을 동원해 계속 기술자들을 수소문해 정말 어렵게 2명을 소개받아 급한 대로 연구팀을 꾸렸다. 그때부터 본격적으로 개발에 들어갔다.

그런데 몇 개월 후 출시된 결과물이 기대에 훨씬 못 미쳤다.

：

"기술이 있어도 매출이 없으니 안 됩니다. 매출을 낸 이후에 찾아오세요."

"아니, 이제 시작하는 기업이 매출이 어디 있습니까? 투자를 받아 개발해서 매출을 내는 거죠."

"그럼, 담보라도 제공하세요."

"지금 청년 창업을 했는데 담보가 어디 있겠습니까? 그리고 담보가 있으면 뭐 하러 여기 오겠습니까? 은행에 가서 대출을 받지요!"

기술자들의 실력을 검증할 여유도 없었고 그저 믿고 맡겼는데 그것이 화근이었다. 설상가상으로 일부 기술진이 퇴사하면서 더이상 개선해볼 수도 없었다. 허탈했다. 그간 쏟아부은 시간과 돈이 얼마인데 모두 허사로 돌아간 것 같았다.

여기서 포기할 수 없었다. 여러 방면으로 엔지니어 3명을 소개받아 연구팀을 꾸렸다. 그렇게 다시 몇 개월이 흘렀고 이번에는 다행히 원하는 수준의 시제품이 나와 주었다. 이제 회로에 맞는 금형이 필요했다. 그리고 금형제작을 위해 1억 원을 투자했다. 이제 8부 능선은 넘은 셈이었다. 그런데 뒤늦게서야 회로에 문제가 있다는 것을 발견했다. 결국 금형에 투자한 1억 원은 모두 날리게 되었다.

이 상황을 어떻게 수습해야 하지? 무엇보다 자금이 문제였다. 기술보증기금에서 받은 대출금은 이미 소진된 지 오래였다. 그래서 태양광에서 발생한 수익마저 연구개발비로 투자되고 있었다.

매월 사무실 유지비에 10여 명 남짓한 직원들의 급여를 해결하기도 벅찬 상태였다. 하는 수 없이 고객사들에게 받은 어음을 계속 할인해가면서 겨우겨우 버티고 있었다. 그런데 금형에 문제가 생겨 돈을 전부 날리게 된 것이다. 머릿속이 백지장처럼 하얗게 변했다.

여기서 그만둘 수는 없었다. 이제 고지가 머지 않았는데. 주변의 여러 방법을 통해서 다시 대출을 알아보았고 겨우 돈을 마련했다. 그렇게 회로를 전면 재수정해서 금형을 다시 제작해 제품 개발을 겨우 마칠 수 있었다. 그때 처음 개발한 제품이 파란색 LED에 캡을 씌운 형태인 'CAP LED'였다. 이 제품은 LED칩의 직진성을 해소하고, 눈부심 및 눈의 피로가 덜하고, 타 조명 대비 우수한 절전효과로 유지보수 비용도 절감할 수 있었다.

완성된 제품을 보는 순간 가슴이 뭉클했다. 그동안 이 순간이 오기를 얼마나 기다렸던가. 자금, 인력, 기술까지 무엇 하나 수월한 것이 없었다. 중간에 엎어질 뻔한 사건사고도 많았고 마음고생도 심했다.

세상에 쉬운 일이 어디 있겠는가. 포기하지 않고 계속 시도했더니 시간은 노력하는 사람의 편이 돼 주었다. 많이 돌아오긴 했지만 결실을 맺은 것이다.

02

판 로 개 척

그렇게 해서는 단 한 명의 지갑도 열지 못한다

노력, 열정, 자금이 결과와 비례하면 얼마나 좋을까? 열심히 한 만큼 매출이 오른다면 그것만큼 행복한 일이 있을까?

열심히 한 만큼 보상처럼 결과가 따르는 건 원더랜드에서나 가능할 것이다. 현실 앞에 냉혹해져야 한다. 노력과 결과는 비례하지 않는다. 가슴 아픈 현실이지만 사업을 하면서 나는 이것을 절실히 깨달았다. 나는 사업을 시작하려는 사람들에게 꼭 말해주고 싶다.

"노력만 하는 바보는 절대 되지 마라."

하나의 신제품을 출시하려면 오랜 시간 많은 이들의 노력, 열정과 더불어 막대한 자금이 투자되어야 한다. 그만큼 신제품에 대한 기대가 크다.

물론 마음 한편에서는 '반응이 없으면 어쩌지?' 하는 불안감도 든다. 하지만 '이렇게까지 했는데 안 되면 절대 안 된다'는 절박한 마음으로 불안감을 달래며 나아가는 것이다.

절정에 이르러 금방이라도 터질 듯 뜨거운 김을 토해내는 압력밥솥을 상상해보라. 밥솥의 뚜껑을 열었을 때, 밥솥 가득 뽀얀 밥과 함께 맛있는 연기가 화산의 연기처럼 터져 나오기를 우리는 기대한다.

가슴 두근거리며 고픈 배를 부여잡고, 절정에 이른 밥솥의 뚜껑을 열었는데 차가운 바람과 식어빠진 까만 쌀알 몇 톨만 보일 때 마음을 상상해보았는가?

이 밥솥 하나를 바라보며 배를 굶주리는 사람이 몇 명인데, 그동안 들인 공이 얼만데, 고작 이 정도 결과를 보려고 그 고생을 했나, 허탈하고 서글픈 그 마음은 겪어보지 않은 사람은 알지 못한다.

그간 노력이 헛되지 않으려면 어떻게든 어렵게 개발한 신제품의 판로를 개척해야 한다고 다짐하며 나아갔다. 최선을 다했기에 후회는 없었다. 하지만 뚜껑을 열었더니 결과는 우리의 기대와 정반대였다.

신제품에 대한 고객사들의 반응은 시원찮았다. 알겠다는 이야기만 할 뿐 아무런 반응이 없었다. 다른 고객사들도 마찬가지였다. 힘이 한꺼번에 모조리 빠져나갔다.

우리의 신제품을 기다렸다는 듯 선택해줄 것이라 기대하진 않았다. 그래도 비교하고 검토해줄 수는 있지 않을까 싶었다. 하지만 검토는커녕 미동도 없었다. 박람회에서의 반응도 별반 다르지 않았다.

기대를 가득 모았던 신제품은 결국 시장에서 주목받지 못했다. 외면받았다는 표현이 정확했다.

"도대체 뭐가 문제일까? 홍보가 부족한 걸까? 아니면 제품력에 문제가 있는 것일까?"

나중에서야 그 이유를 알게 되었다. 그때까지도 나는 태양광이든 LED든 조명의 종류만 다를 뿐 조명의 범주에 속하니 LED 조명을 함께 수주할 수 있을 것이라 여겼다.

그런데 업계의 인식은 완전히 달랐다. 태양광과 LED는 다른 영역이라 여기고 각 전문 업체가 제조해야 한다는 인식이 강했던 것이다. 실제로 그때까지 태양광과 LED조명을 같이 제조해서 납품하는 회사는 없었다. 우리가 처음이었다. 업계에서는 왜 태양광 회사가 LED조명을 같이 하는지 의아해했다.

기존 인식을 바꾸기 위해 무던히도 노력을 했다. LED조명을 개발하기 위해 그간 어떤 과정을 거쳐서 개발을 해왔는지, 어떻게 기술적으로 구현이 되는지, 또 얼마나 많은 시간과 자금이 투자가 되었는지에 대해서 수없이 설명했다.

하지만 오랜 시간 사람들이 가지고 있던 인식을 깨기란 쉽지 않았다. 연구개발비로 엄청난 자금을 투자했지만 우리가 생산라인이 없다는 이유로 발주를 받지 못했다.

이런 현실이 너무 억울했다. 그렇다고 어디에 하소연할 곳도 없었다. 답답함은 계속 쌓여만 가고 이로 인한 스트레스로 밤잠을 설치는 날이 계속되었다.

처음 LED시장 진출을 계획했을 때는 태양광보다 수월하게 시장에 진입할 수 있을 것이라 기대했다. 하지만 내 생각은 완전 오판이었다. 그것은 나의 희망이고 바람이었다. 어쩌면 너무 순진했는지도 모르겠다.

사업을 시작하는 사람들의
순진한 착각

시장에 진출하면 자금 사정이 좋아질 것이라 기대하고 계속 버텨왔다. 하지만 판로가 막히면서 모든 계획은 틀어졌고, 한 달 한 달이 살얼음판이었다. 무엇보다 매달 돌아오는 월급날이 걱정이었다.

창업 초기 죽어도 급여를 절대 하루도 밀리지 않겠다고 다짐했었다. 하지만 사업을 해보니 그 일이 얼마나 어려운 일인지 절감했다. 직원들 급여를 줘야 하는데 통장 잔고는 고작 몇 백만 원이 전부였다. 태양광으로 수주를 받아서 일을 한다 해도 자금 결제는 빨라도 6개월이었다.

한 달을 버티면 안도의 한숨과 함께 다음 달이 또 걱정되었다. "이번 달에는 버텼지만 또 다음 달에는 어떻게 버티지? 어떻게 매출을 내지?"

초조하고 불안했다. 어떻게든 판로를 개척해야 했다. 그런데 LED시장이 처음이다 보니 우리의 힘으로는 판로를 개척하기가 너무 어려웠다.

그러다 조명 업계에서 인지도가 높고 규모가 큰 회사를 찾아

:

　죽을 만큼 최선을 다해도 결과가 빛나지는 않는다. 그것은 법칙이었다. 노력은 결과와 비례하지 않는다. 확신을 가지고 저돌적으로 나아가도 피니시 라인에 꽃을 든 사람만 있는 것은 아니다. 이 승자의 법칙을 이해해야만 예상하지 못한 결과에도 힘들지언정 다시 일어서 돌파할 수 있다. 이것을 알고 처신하는 자와 그렇지 않은 자의 회복력은 천지 차이다.

갔다. 특히 이 회사는 제조는 하지 않지만 영업력이 강해서 많은 제조업체들의 판매 유통을 담당하고 있었다.

우리 제품을 팔아달라고 대표님을 찾아갔다. 그런데 내가 제품 이야기를 꺼내기도 전에 무조건 나가라는 것이다. 최소한 누군가 찾아왔으면 이야기를 들어봐야 할 것이 아닌가? 하지만 아예 거들떠보지도 않았다. 문전박대였다. 그때의 서러움은 말로 다 하지 못한다. 그렇게 쫓겨 나오면서 마음속으로 다짐했다.

"내가 오늘 당한 수모를 갚아주기 위해서라도 반드시 성공시키겠다."

독하게 마음먹었다. 이후 판로 개척을 위해 이전보다 더 열심히 영업에 매달렸다. 박람회 참가는 물론이고, 각 기업의 구매담당자를 상대로 영업을 위해 뛰어다녔다.

위기는 무너져 내리는 댐처럼 닥쳐온다

그러다 천신만고 끝에 첫 번째로 수주 받은 일감이 P건설의 아파트 납품이었다. 1차 협력사가 일감을 수주한 후, 우리에게 다시 발주를 주었는데 2차 협력사로 참여하게 되었다.

발주규모가 무려 18억이었다. 당시 우리 회사 한 해 매출액이 3억 정도였다. 그러니 18억이면 연매출의 6배에 달하는 큰 프로젝트였다. 그것도 단일수주였다. 그 동안 사업을 해오면서 발주받은 금액 중 가장 큰 금액이었다.

어떻게든 이 기회를 잡아야겠다 싶었다. 이번 큰 프로젝트를 성공적으로 잘 마무리하면 그간의 선입견을 떨쳐버릴 수 있는 좋은 기회였다.

그때부터 다시 의욕에 불탔고, 매일 공장을 오가면서 하나하나 꼼꼼하게 확인했다. 혹여 하자라도 발생하면 공든 탑이 무너질 수 있었다. 모든 직원들이 매달려 제품 하나하나 모두를 검수했다. 현장에서 설치를 할 때도 직원들에게 완벽하게 할 것을 몇 번이고 신신당부했다.

다른 현장보다 2배는 힘든 공사였다. 그런데도 어떻게든 잘 마무리하기 위해 구슬땀을 흘렸다. 그렇게 온 직원들이 힘을 합쳐서 약속된 납기일에 맞춰서 무사히 설치를 마쳤다. 이제 1차 협력사에게 대금 결제를 받으면 모든 프로젝트가 마무리되었다. 그간 고생한 날들에 대해 이제 보상받을 날이 얼마 남지 않은 것이다.

이때까지만 해도 나는 1차 협력사가 고의부도를 내고 14억 빚을 떠안게 될 줄은 상상도 못했다. 이제 고생은 조금 미뤄두고 한동안은 한숨 돌릴 수 있겠구나 했는데 거대한 위기는 작은 구멍 하나가 계기가 되어 한꺼번에 무너져 내리는 댐과도 같았다.

발주처에서 우여곡절 끝에 받을 수 있었던 대금을 제외하고 9억의 빚을 한 푼도 빠짐없이 갚고 다시 일어서기까지 피나는 노력을 했다. 그때를 되돌아보면 다시 견뎌낼 수 있을까 싶을 정도의 아픔들이다.

노력은 결과와 비례하지 않는다. 그 법칙을 명심해야 한다. 확신을 가지고 무소의 뿔처럼 나아가되 결과가 반드시 빛나지 않는다는 법칙을 알아야 한다. 그래야만 예상하지 못한 결과에도 힘들지언정 다시 일어서 돌파할 수 있다.

03
신중함
조급해지는 순간 이성적 판단을 잃는다

창업 5년차에 접어들었을 때, 매출 100억 원에 대한 목마름이 간절했다. 큰 기업과 파트너사로 일을 해보니 여러 가지 사업 기회들이 보였다. 그런 기회들에 도전을 해보고 싶었지만 항상 매출액이 발을 잡았다. 회사를 평가하는 중요 지표가 매출액이 었다.

답답해하던 차에 국내의 한 브로커로부터 대규모 해외 사업 건을 제안받았다. 인도네시아의 어느 섬에 고속도로 공사가 예정되어 있는데 그 옆에 가로등을 대량으로 세울 사업 기회가 있다는 것이다. 그러니 합작법인을 세워 함께 진행해보자고 했다.

처음에는 관심조차 두질 않았다. 그런데 이런 내 마음을 알기라도 하듯 국내 유명 건설사가 그 공사에 참여한다는 MOU 문서와 계약서 사본을 내미는 것이다. 그때부터 마음이 흔들렸다.

"진짜 기회구나."

더욱이 당시 적당한 매출처를 확보하지 못해 고전하고 있는 상황이었다. 그러니 해외에 진출하면 우리 회사는 물론 우리 회사에 투자한 협력사 입장에서도 매출을 올릴 수 있는 절호의 기회였다.

그때부터 의욕적으로 참여했고, 협력사와도 여러 생산계획을 세우며 내부 일정을 조율했다. 얼마 후, 합작법인 설립을 위해 2억을 보내달라는 요청이 왔다. 대신 그 이상의 매출을 보장해준다는 조건이었다. 조금 미심쩍었지만 확실한 계약서가 있으니 믿고 투자를 했다.

하지만 그 일은 사기였다. 고속도로 공사는 사실이었지만, 가로등 공사는 처음부터 없던 사업이었다. 너무 후회스러웠다. 인도네시아에 직접 가서 현장을 확인하고 계약서도 점검했어야 했다. 왜 중간 브로커 말을 철석같이 믿고 투자했을까 가슴 깊숙이 내 자신을 탓했지만 이미 뒤늦은 후회였다.

열렬히 박수 받는
투자를 경계하라

인도네시아 시장 진출에 크나큰 고배를 마시고 얻은 교훈을 발판 삼아, 다음 해외 진출을 할 때는 모든 것을 꼼꼼히 따져보자 명심했다.

시간이 지나 해외에 진출할 수 있는 절호의 기회가 다시 찾아왔다. 베트남 호치민에서 군부대에 납품하는 대형 프로젝트 소식이 들려왔다. 이 사업 역시 꽤 규모가 큰 프로젝트였다.

이후 계약 성사를 위해 수차례 베트남을 방문했다. 그런데 베트남은 LED시장이 초창기였고, 무엇보다 법적인 절차가 복잡하게 엮여 있어서 진행이 쉽지 않았다. 모든 것이 불확실했고, 무엇보다 베트남 현지에 직접 공장을 설립해야 한다는 큰 벽이 있었다.

한마디로 많은 시간과 자본 투자가 필요했다. 하지만 우리 회사는 당시 그렇게 많은 돈을 투자하기란 무리였다. 기회를 보고 투자를 하느냐 투자의 기회를 단념하느냐는 큰 결단 앞에 결국 그 사업은 중단되었다.

그간 사업 진행을 위해 수십 차례 베트남을 오고갔지만 아무

진전 없이 끝났다. 허무하고 허탈하기도 했다. 만약 그 시간과 열정과 비용을 다른 곳에 쏟았다면 좀 더 의미 있는 결과를 만들어내지 않았을까 싶다.

이후에도 해외에서 여러 사업을 제안받아 시도했던 일들이 번번이 실패로 돌아갔다. 그로 인해 수많은 기회비용을 많이 지불해야 했다. 아마 그 비용만 줄였어도 회사에 잔고가 쌓였을 것이다.

"그때 왜 그렇게 시행착오를 많이 했을까?"

시간이 흐른 후 해외에서의 여러 가지 일들을 떠올려보았다. 가장 큰 이유는 조급함 때문이었다.

당시 나는 100억 매출이 너무 너무 간절했다. 매출이 안 되면 1차 협력사에 들어갈 수 없었고 사업 기회도 한정적이었다. 그러니 수단과 방법을 가리지 않고 어떻게 해서든 그 대열에 끼고 싶었다.

"100억 원을 달성하고 보자. 100억 원만 되면 우리 회사에 터닝 포인트가 될 수 있을 거야."

그런데 100억 원 매출은 나 혼자만의 의지로 되는 것이 아니었다. 조직 내 시스템이 제대로 갖춰져서 각 구성원들이 제 역할을 해주고, 각 팀별로 분업이 되어서 뒷받침해줄 수 있어야 한다. 하지만 나의 의욕만 높을 뿐, 우리의 현실은 목표를 달성하기에 너무 멀었다.

리더의 조급함은
악수(惡手)로 이어진다

내 마음은 100억 원을 향해 달려가고 있는데 이를 뒷받침해줄 시스템이 없었다. 그런 시스템을 갖추려면 많은 자금이 필요했다. 하지만 제조업에 나이도 어린 대표가 있는 회사에 누가 거액을 투자하겠는가.

그러다 보니 마음이 항상 조급했다. 수단과 방법을 가리지 않고 어떻게든 도달하고 싶었다. 바로 그 순간에 누가 찾아와 좋은 사업 기회가 있다고 제안한다면 불법만 아니라면 그게 무엇이든 당장이라도 너무 하고 싶었다. 그리고 정말 될 것 같았다.

빨리 매출을 올려 1차 협력사로 올라가고 싶었다. 바로 이런 조급함이 이성적인 사고를 어렵게 했다.

상식적으로 생각해보자. 수익성이 높고 위험이 적은 사업 기회가 왜 우리 회사에 왔을까? 이유가 있는 것이다. 위험이 적을리가 없다. 합리적인 의심을 해야 했다. 그런데 조급함이 앞서니 그런 생각조차 할 수 없었다.

고의부도 사건도 조급함 때문에 발생한 일이었다. 만약 그때 조금만 신중하게 고민했다면 결과는 달라졌을 것이다. 당시 우리 회사의 규모에 그렇게 큰 발주를 할 이유가 없었다. 처음부터 고의부도를 낼 생각으로 작고 영세한 기업을 찾았던 것이다. 그리고 매출이 시급했던 우리는 그 손을 잡을 수밖에 없었다.

언젠가 인터넷에서 이런 글을 본 적이 있다. 한 스님이 유명한 고승을 찾았다.

무릎을 꿇은 스님은 고승에게 물었다.

"제가 당신과 같은 고승이 되려면 얼마나 수행해야 할까요?"

고승은 잠시 생각하다가 대답했다.

"10년이네."

그러자 스님이 다시 물었다.

"저는 다른 스님들보다 더 많은 시간 동안 불공을 드립니다. 앞으로는 그들보다 두 배 이상 더 열심히 하겠습니다. 그러면 얼마나 걸릴까요?"

그러자 고승은 이렇게 답했다.

"그렇다면 20년이 걸리겠네."

이처럼 도를 닦는 사람이 조급해지면 정도를 잃게 된다.

⋮

　조급함에 빠져들면 악수를 둘 가능성이 높다.
특히 어려운 회사 여건을 하루 빨리 개선해야겠
다는 생각에 자꾸 무리수를 두게 된다. 그 순간
을 경계하고 조심해야 한다. 조급한 마음에 했
던 선택들이 그릇된 결과로 이어지는 경험들을
통해 조급함을 많이 내려놓았다. 그렇지 않으
면 회사 전체를 위기에 빠트릴 수 있다.

기업을 이끄는 경영자도 마찬가지다. 경영자가 조급함에 빠져들면 악수를 둘 가능성이 높고 그릇된 길을 갈 수 있다. 특히 어려운 회사 여건을 하루 빨리 개선해야겠다는 마음에 자꾸 무리수를 두게 된다. 그 순간을 경계하고 조심해야 한다. 그렇지 않으면 회사 전체를 위기에 빠트릴 수 있다.

조급함을 버린다는 게 결코 쉬운 일은 아니다. 하지만 지도자가 조급해지면 판단력을 잃기 쉽다. 비록 오늘이 힘들더라도 넓고 멀리 보는 노력이 필요하다.

그 이후 속도는 느려도 거북이처럼 꾸준히 가자고 다짐했다. 무엇보다 100억 매출에 대한 조급함을 많이 내려놓았다. 매출도 중요했지만 그보다 안전하게 가는 것이 더 중요했다.

이 회사는 더 이상 나 혼자만의 회사가 아니었다. 직원들이 있었다. 많은 이들의 미래가 달려있기에 좀 더 신중해져야 했다. 예전처럼 무조건 돌진하기보다는 위험 요소는 없는지 좀 더 꼼꼼하게 분석했다. 또 혼자 생각하고 고민하기보다는 주변 지인들의 의견을 경청하면서 좀 더 신중한 자세로 접근해나갔다.

04

진 정 성

누가 끝까지 가는가

상대의 마음을 한 번 얻으면 끝까지 지속될 수 있는 걸까?

안타깝게도 그렇지 않다. 누군가와의 만남을 오랫동안 지속적
으로 이어가기 위해서는 바로 진정성이 있어야 한다. 이해타산
을 초월해서 진심으로 서로를 마음에 담을 수 있는 좋은 관계란
쉽지 않다. 사업 역시 마찬가지다. 진정성이 없는 만남은 결코 지
속될 수 없다.

특히 많은 영업사원들이 상대가 중요 직책에 있을 때는 하루
가 멀다 하고 연락하고, 모든 걸 다 해줄 것처럼 행동한다. 하지

만 상대가 중요 직책에서 내려오거나 퇴사하면 어떤가? 연락하는 사람은 극히 드물다.

나는 처음과 끝이 한결같은 사람을 좋아한다. 영업을 통해 알게 된 분들과도 한 번 인연을 맺으면 오랫동안 그 인연을 이어가고 싶다. 그래서 상대방이 다른 부서로 옮길 때도, 중요 직책에 있지 않아도, 퇴사를 해도 꾸준하게 연락을 하고 지냈다.

한번은 A건설의 구매 부장님이 회사에서 좋지 않은 일로 퇴직을 하게 되었다. 그런데 어느 날 그분에게서 먼저 연락이 왔다. 이미 소식을 들은 뒤였다. 그 마음이 오죽 심란하고 힘들까 싶었다. 그래서 회사일이 너무 바빴지만 만사 제쳐 두고 찾아갔다. 그리고 그간 힘들었던 일들에 대해서 끝까지 들어드리고 많이 위로해드렸다.

헤어지는 길에 내 손을 꼭 붙들고 고맙다는 말씀을 하셨다. 영문을 몰라 사정을 물어보니 안타까운 사연이 있었다. 회사에 있을 때는 하루에도 수도 없이 전화하던 사람들이 막상 퇴직하니 연락하는 이가 한 명도 없다는 것이다. 어쩌다 자신이 연락을 해도 다들 외면한다고 했다. 그 당시 전화를 받고 달려온 사람은 나 혼자뿐이었던 것이다. 말씀을 듣는데 코끝이 찡긋했다.

"구매가 아니더라도 형님과 동생 사이는 영원합니다."

그 이후로는 정말 편한 형, 동생 사이로 지내며 만남을 이어오고 있었다.

　그런데 몇 년 후 이 부장님이 국내 A건설사로 자리를 옮기셨
다. 그런데 그곳은 우리 회사가 예전부터 거래를 하고 싶었지만
번번이 중요 실무자와 연락이 닿지 않던 곳이었다. 그렇다 보니
기회를 얻기가 쉽지 않았다. 이직하신 후 그 사정을 어떻게 아셨
는지 먼저 연락을 주셨고 중요 프로젝트에 참여할 수 있는 기회
를 주셨다.

관계의 완성은
진정성이다

태양광 제조 시절부터 인연이 된 구매부장님이 있었다. 그런데
퇴사 후 3년 동안 무직이었다. 구매 부서에 있을 당시에는 하루
가 멀다 하고 많은 사람들에게서 연락이 오는데, 퇴사를 하고 나
니 한 사람도 연락이 없다는 것이다. 그 과정에서 상처를 많이
받으셨다. 그 모습을 곁에서 지켜보며, 나만큼은 항상 같은 모습
으로 부장님께 연락을 드리고 가끔 만나서 식사하고 이야기를
나누고 싶었다. 그렇게 3년 동안 만남을 계속 이어왔다.

　그러다 그분께서 우연치 않게 우리와 거래하는 회사의 중책

으로 자리를 옮기셨다. 그렇지 않아도 그 회사와 중요하게 협력해야 할 일들이 많아 관계를 어떻게 풀어가야 할지 고민하던 차였다. 그런데 그분의 중재로 여러 복잡한 관계를 잘 풀어나갈 수 있었고 일처리도 원만해졌다.

여러 경험을 통해서 느낀 건 관계의 완성은 진정성에 있다는 거였다. 만약 내가 상대가 가진 조건이나 직책을 보고 만남을 가졌다면 어땠을까? 다른 이들처럼 똑같이 외면했을 것이다. 하지만 처음부터 상대에 대한 진심과 애정이 있었기에 만남이 지속될 수 있었고 결국 사업으로도 이어질 수 있었다.

손이 베일 것처럼
완벽한 품질을 만들자

관계가 아무리 좋다한들 제품의 품질 없이 사업을 한다는 것은 있을 수도 없는 일이다. 제품의 품질은 고객사들에게 신뢰를 주기 위한 초석, 기본 중에 기본이다. 품질이 좋아야 고객사들이 만족하고 우리를 다시 찾아줄 것이 아닌가.

그래서 협력업체에게 원자재 발주를 줄 때도 가격보다 품질이 우수한 업체를 선정했다. 우리의 마진을 줄여서라도 품질을 고수했다.

제품을 현장에 납품하기 전에는 꼼꼼하게 검수를 거친다. 그런데 사람이 하는 일이다 보니 신중을 기해도 가끔 실수가 발생할 때가 있다.

이럴 때면 무조건 다시 만들어서 납품했다. 부분 교체가 아니라 전량 교체여서 돈을 벌기는커녕 손해를 볼 때도 많았다. 하지만 이윤을 남기는 것보다 고객사의 신뢰를 얻는 것이 우선이었다.

P건설사 강릉 아파트 건설현장에 보안등 약 60본을 제작해서 납품하는 프로젝트를 맡았을 때였다. 정해진 기간은 짧은데 제작부터 설치까지 완료하려니 일정이 아주 촉박했다.

어느 날 현장 담당부장님이 폴대를 보고 말씀하셨다.

"어? 여기 도장이 좀 까였네."

일부러 트집을 잡으려고 하신 말씀은 아니었다. 우리 직원들이 현장에서 어떻게 일을 하는지 잘 아시는 분으로, 여러 현장에서 많은 도움을 주신 분이었다.

그 순간 바로 원인을 찾기 시작했다. 알고 보니 당시 제품 생산과정에서 표면이 벗겨지고 긁힘이 생겼던 것인데 일정이 너무 촉박해서 출하 전 품질관리 부서에서 미처 확인을 못하고 출하된 것이다. 우리 회사의 실수라는 것을 알게 된 이상 그냥 넘어갈 수가 없었다.

"당장 모든 제품을 회수하여, 24시간 가동을 해서라도 다시 생산해서 납품하세요."

그렇게 전량 교체를 지시했고, 그날부터 설치된 제품의 철거 작업에 들어갔다. 다시 납품해서 설치하려면 금전적인 손해는 물론이고 직원들의 고생도 이만저만이 아니었다. 그런데도 내 생각에는 변함이 없었다.

그러자 담당부장님이 깜짝 놀라는 것이다.

"아니, 이렇게까지 할 필요 없어요. 정 마음에 걸리면 위치를 바꿔요. 도색이 잘 안 된 제품은 정원 뒤로 설치하고 인도 쪽은 좋은 제품으로 해요. 전 제품을 처음부터 다시 설치하려면 크게 손해 볼 텐데."

"눈 가리고 아웅 하는 게 싫습니다. 저희는 그렇게 제품 만들 지 않습니다."

우리 직원들마저 내 결정에 이해하기 어렵다는 반응이었다. 하자가 발생한 몇 개만 교체하면 될 것을 굳이 그럴 필요가 있느냐는 것이었다. 하지만 나는 성격상 용납이 안 되었다. 완벽하지 않은 제품을 납품했다는 사실이 꺼림칙했다.

돈보다 신뢰가 우선이다. 회사 직원들에게 너무 고지식하다는 소리를 듣기도 하지만 나는 정석으로 가지 않으면 전쟁터 같은 사업의 현장에서 절대 오래가지 못한다 생각한다. 천천히 가더라도 롱런하고 싶다.

결국 P건설 현장에 납품된 전제품을 회수해서 다시 제작해서 납품했고 그 프로젝트는 큰 적자로 마감했다. 그런데 그때 일이 P사에 강한 인상을 남겼고 업계 전체에 소문이 났다.

하자가 발생했다고 해서 정상 제품을 포함하여 전량 회수하고 다시 제작하는 곳은 없었다. 많은 회사들이 제품이 팔리는 이득이 아닌 이상 유지보수는 뒷전이다. 재설치하면 손해가 막심하기에 자사의 손해를 최소화하면서 마무리한다. 그런데 그 모든 손해를 감수하고서라도 전량 교체를 지시한 우리 회사의 모습에 신뢰가 생긴 것이다.

그리고 이후 P건설은 여러 건설 현장에서 항상 우리를 선택해 주었다. 그 사건으로 금전적인 손해를 입었지만 돈으로 환산할 수 없는 그 이상의 신뢰를 얻었고 그 관계가 지금까지도 계속 이어져오고 있다.

작은 회사일수록 손에 베일 듯 완벽한 품질의 제품을 만들겠다는 각오로 임해야 한다. 경쟁 회사보다 '우수한 제품을 안정적으로 공급할 수 있는 체계'를 갖추지 않으면 사업을 잘해나갈 수 없다.

직원 기죽이는 회사와는
거래하지 않는다

우리 회사는 약자의 입장에 있다 보니 현장에서 고객사들의 무리한 요구들이 많았지만 묵묵히 참고 견디며 성실하게 일을 해왔다. 하지만 이런 우리의 처지를 악용해 오는 곳들이 있었다. 대표적인 회사가 2차 협력사인 M사였다.

고의부도로 맞은 큰 위기를 해결하면서 여러 업체들의 신뢰를 얻을 수 있었는데, 다시 일어설 수 있도록 도움을 준 곳 중 한 곳이 M사였다. M사의 도움으로 건설사 대형 프로젝트에 참여할 수 있는 기회를 얻게 되었다. 그 현장에서 우리에게 직원들이 성실하고 열심히 일을 해나가자 이후에도 여러 프로젝트를 함께 진행해나갔다.

어떤 의미에서 보자면 M사는 우리에게 성장 기반을 마련해준 고마운 회사였다. 그러니 그 동안 수차례 무리한 부탁을 해와도 한 번도 거절하지 않고 최대한 수용해왔었다.

그런데 M사는 이런 관계를 악용해 점점 더 무리한 요구를 해왔다. 한 번은 M사가 부산 벡스코 전시장에 가로등, 보안등을 납품을 했다. 그런데 바닷가 근처다 보니 해풍이 불어 가로등 기둥

이 녹이 슬어 지저분해졌다. 그런데 그 녹을 우리에게 대신 닦아 달라 요청해왔다. 우리가 납품한 현장도 아니었는데 부산까지 내려가 해달라는 것이다. 우리는 그런 일을 해본 적도 없었다. 그들의 요청이 너무 황당하고 어이가 없었다. 직원들도 너무 무리한 요청에 불만을 토로했다.

"이런 일까지 우리가 도와줘야 합니까? 이건 아닌 것 같습니다."

"여러분들에게 너무 미안한데 이번 한 번만 들어줍시다. 앞으로 이런 일이 없도록 최대한 노력하겠으니 이번에는 나를 믿고 따라와주세요."

나 역시 마음속으로는 수없이 거절하고 싶었다. 그러나 M사는 우리에게 고마운 회사였고, 또 당시 함께 연결되어 있는 프로젝트가 있었기에 거절하기가 어려웠다. 직원들에게 이번에만 수용해주자며 다독이면서 그들의 요구를 수용했다.

결국 직원들 3명이 부산에 내려가서 약품을 구입해 고무장갑을 끼고 사다리에 올라가 열심히 닦았다. 무려 사흘 동안 직원들이 뙤약볕 아래에서 땀을 뻘뻘 흘리며 그 녹을 제거하기 위해 죽을 힘을 다해 애를 썼다. 관리사무소 직원이 어느 청소업체에서 나왔느냐고 물어볼 정도였다.

직원들의 심정이 어떠했을까. 우리 직원들이 너무 힘들게 작업을 마쳤지만 M사에서는 고맙다는 말 한마디가 없었다. 자신들이 갑의 위치이니 을인 우리 회사가 따르는 게 당연한 거 아니냐는 반응이었다.

이런 수모에서 벗어나려면 하루라도 빨리 신기술을 개발해 기술력 있는 기업으로 인정받아야 한다고 굳게 다짐했다. 고생하는 직원들을 위해 그 누구도 무시하지 못하는 강한 회사를 만들어야 했다.

늘 갑의 위치에 있던 M사였지만 우리 직원들이 현장에서 성실하고 책임감 있게 일을 하자 고객사들의 신뢰가 높아졌고 우리 회사가 M사와 동등한 관계로 일하는 때도 잦아졌다. 특히 여러 건설 현장에서 함께했던 P사는 우리를 1차 협력사로 인정해주었다.

1벤더가 되려면 매출 100억 기준이라는 벽이 있지만 아주 예외적으로 1차 협력사로 인정을 해준 것이다. 업계에서 굉장히 드문 일이었다. 그동안 1, 2차 협력사에게 발주를 받아 일했지만 신뢰를 계속 쌓아가자 1차 협력사의 자격으로 경쟁할 수 있게 되었다. 예전에는 M사에 의존해야 하는 입장이었다면, 이제는 M사와 동등한 위치에서 경쟁을 할 때도 있었다.

그래서였을까. 언젠가부터 그들은 우리를 견제하기 시작했고, 때로는 근거 없이 우리 제품을 헐뜯거나 비난할 때도 많았다. 마음속에서는 너무 화가 나서 수차례 따지고도 싶었지만 그때마다 참고 인내해나갔다.

그런데 도저히 참을 수 없는 사건이 발생했다. M사와 건설 현장에서 공동으로 작업을 할 때였다. 그날따라 이런 저런 요구는 계속되었고 제품에 대한 조롱과 비난까지 이어졌다. 그리고 절대 해서는 안 될 말이 이어졌다.

"이게 제품이냐? 쓰레기지? 이런 걸 제품이라고 만들어서 설치하는 거야?"

순간 우리 직원들의 표정은 굳어졌고, 이런 상황에 어떻게 대응해야 할지 몰라 다들 얼굴이 붉으락푸르락했다. 그의 말은 우리 직원들과 우리 회사 전체를 비난하는 것과 같았다. 우리의 인격을 짓밟는 것과도 같았다. 당장 모든 일을 내팽개치고 뛰쳐나오고 싶었을 것이다. 하지만 혹여라도 회사에 피해가 될까 봐 부들부들 떨면서 그 순간을 참아냈다.

그 이야기를 전해 듣는 순간, 화가 머리끝까지 나서 도저히 참을 수가 없었다. 그동안 고객사들과의 관계에서 수없이 불합리한 일이 있어도 승화시켜 긍정적인 마인드로 버텨왔다.

하지만 쓰레기 소리는 명분도 없고 용납할 수도 없었다. 그들이 원하는 바를 모두 수용하니 지켜야 할 최소한의 선마저 넘어선 것이다. 아무리 기반을 잡는 데 도움을 받은 회사여도 이번 사건은 절대 넘어갈 수 없었다.

'이것은 아니다. 절대 아니다. 아무 이유 없이 내 직원이 남에게 욕먹는 것은 도저히 참을 수가 없다. 이런 수모를 당하고도 그냥 넘어간다면 대표로서 자격이 없다.'

모두가 듣는 앞에서 큰소리로 외쳤다.

"우리가 굶어죽는 한이 있더라도 그 회사와 절대 거래하지 않겠습니다. 이제 끝입니다."

내부에서는 이런 결정에 우려의 소리가 높았다. 당시 M사와 직간접으로 연결되어 진행 중인 프로젝트가 우리 매출의 70%를 차지하고 있었다. 이런 상황에서 거래를 중단하면 자칫 회사 존립 자체가 위험해질 수도 있었다. 하지만 설사 여기서 회사를 접는다 해도 더 이상 같이 일하고 싶지 않았다. 그리고 이를 꽉 깨물고 다짐했다.

"두고 봐라. 내가 2년 안에 너희들 따라 잡는다. 내가 너희들보다 회사를 더 키워서 똑같이 갚아주겠다."

그때 그 사건으로 신기술 개발에 대한 의욕이 훨씬 더 강해졌다. 우리만의 핵심 기술이 없으니 아무리 고객 중심으로 다가가도 한계가 있었다.

우리가 우리만의 기술이 있었다면 이런 수모와 무시를 당했을까? 이런 수모를 이겨내기 위해서라도 반드시 신기술개발에 성공해야 했다. 지금은 우리를 무시하지만, 반드시 신기술을 개발해서 우리를 무시했던 그들을 기필코 눌러주겠다는 오기는 더욱 강해졌다.

BUSINESS

INSIGHT

3부

어떻게 강한 회사로
성장할 수 있을까

: 사업의 그릇을 키우는 경영 공부

대한민국 중소기업 수는 58만여 개로 전체 기업 수의 99.2%를 차지한다. 수많은 중소
기업이 1차 협력사에 끼지도 못한 채 겨우겨우 명을 유지하다가 이익을 보지도 못하고
사업을 마감한다. 사업을 시작하기는 쉽다. 하지만 1인 기업가에서 작은 사업체를 일구
고, 그것을 넘어 50명이 넘는 기업으로 올라서는 데는 상상도 하지 못할 난관이 있다.
고만고만한 수많은 회사들과 경쟁해서는 이 난관을 극복하지 못한다. 3부에서는 작은
회사가 어떻게 500억 자산의 기업으로 성장할 수 있는지 그 성장의 비밀을 살펴본다.

어떠한 실패도 희망으로 통하는 길이 있다. 진정한 실패란 없다.

다만 미래로 이어지는 결과가 있을 뿐이다.

_앤서니 라빈스(Anthony Robbins, 「흔들리지 않는 돈의 법칙」 저자)

01

생존 전략

어떻게 살아남을 수 있을까?

우리는 흔히 '경쟁이 치열한 혼란스러운 상황'을 빗대어 춘추전국시대라 칭한다.

내가 LED시장에 진출한 지 1년이 채 못 되었을 때 시장은 극도의 혼란기에 접어들었다. 정부에서 신재생에너지를 강조하면서 LED시장이 크게 성장할 것이라는 예측이 쏟아져 나왔다. 이후 수많은 기업들이 LED시장에 뛰어들기 시작했다.

전통적으로 형광등, 백열등을 만들어온 조명기업들은 물론, 전자, 반도체, 모바일 기업 등 수많은 회사들의 진출이 이어졌다.

특히 LED기술의 평준화로 기술 장벽이 낮아지면서 하루에도 몇 개씩 새로운 기업이 생겨날 정도로 신생기업의 출현은 끊이지 않았다. 여기에 대기업과 신생벤처까지 가세하면서 시장에는 수천 개 업체들이 난립했다.

이런 시장에서 기업마다 입지를 찾기 위한 생존경쟁은 치열했다. 전통적인 조명업체들은 오래전부터 1차 협력사로 고정적인 거래처를 확보하고 있었다. 덕분에 빠르게 시장에 진입해 초고속 성장을 이어갔다. 또, 대기업들은 규모와 자본력을 앞세워 시장에서 점유율을 점점 높이고 있었다.

작고 영세한 수많은 회사들은 시장 진입 자체가 너무 어려워 판로 개척을 위해 몸부림쳐야 했다. 업체들 간의 과당 출혈경쟁이 갈수록 심해졌고 시장은 점점 아수라장으로 변해갔다. 전쟁터를 방불케 할 정도로 생존경쟁이 심각한 가운데, 전쟁에서 탈락해 폐업하는 회사들도 속출했다.

'규모도 작고 영세하며 1차 협력사에도 등록되지 못한 약한 회사. 이것이 우리의 현실이다.'

이런 상황이 계속된다면 우리 역시 언제 시장에서 사라질지 몰랐다. 너무 두렵고 불안했다. 어떻게든 살아남을 수 있는 방법을 찾아야 했다.

'우리 회사도 언제 시장에서 사라질지 모른다'는 위기감에 가
슴이 답답해지고 마음은 한없이 무거웠다. 우리는 비교적 초기
에 LED시장에 뛰어들었지만, 그 효과는 오래가지 못했다. 불과
1년 사이에 수천 개의 업체들이 생겨나면서 우리의 입지는 계속
좁아졌고, 기술력으로 차별성을 두기도 쉽지 않았다.

"어떻게 하면 이 시장에서 살아남을 수 있을까?"

"이 수많은 회사들과 경쟁에서 이기려면 어떻게 해야 할까?
1군에서 끼어주지도 않는 이 약한 회사를 어떻게 하면 성장시킬
수 있을까?"

생존 무기를 보유하라

경쟁업체들보다 더 낮은 가격을 제시해야 할까? 아무리 가격을
낮춘다 한들 우리 같은 작은 기업이 대기업의 규모와 자본력을
당해내는 것은 불가능했다. 가격으로 싸워서는 아무런 희망이
없었다.

발 빠르게 신제품을 출시해서 시장을 선점해야 할까? 이 또한
여의치 않았다. LED기술이 평준화되면서 하루가 멀다 하고 신

제품들이 쏟아져 나왔다. 우리가 많은 자금과 인력, 시간을 투자해서 새로운 기술을 개발해 인증을 기다리는 사이에 새로운 제품들이 출시되었다. 기껏 신제품을 개발해도 시장에서 빛을 보지 못하고 사장되기 일쑤였다.

결국 가격을 낮추는 것도, 신제품을 출시하는 것도 근본적인 해결책은 아니었다. 출구를 찾지 못한 채 몇 달 동안 고민이 계속 이어졌다.

간절히 원하면 답을 찾는다고 했던가. 치열하게 고민하고 몰입하다 보니 길이 보이기 시작했다.

'이 수많은 회사들과 죽어라 경쟁을 할 것이 아니라, 원천기술을 개발해서 그들이 무조건 우리 기술을 사용하게 만들자.'

그 동안 우리는 LED조명을 만들어 건설사나 관공서 등에 납품해왔다. 하지만 우리와 유사한 사업을 하는 업체들이 수천 개였다. 그들과 경쟁하려니 도저히 답이 보이질 않았다.

그런데 관점을 바꿔 그들을 경쟁자가 아니라 우리의 고객사로 만드는 것이다. 독보적인 신기술을 개발해서 그들이 우리 기술을 사용하게 하면 죽어라 경쟁하지 않아도 되고, 새로운 시장을 만들어갈 수 있었다.

그날 이후 내 머릿속은 원천기술, 신기술개발에 대한 생각으로 가득 찼다.

"우리 회사의 기술력이 월등해서 우리가 아니면 대안이 없도록 기술개발을 하자! 우리 회사 제품을 꼭 써야 하는 상황을 만들자! 기필코 기술이 있는 기업으로 대우받는 회사를 꼭 만들자. 우리만의 독보적인 신기술을 개발해 업계에서 기술력으로 인정받아 이 시장에서 최고가 되자. 그런 날이 오도록 무조건 만들겠다. 하겠다. 해보자. 무조건 된다. 승리 아니면 실패다. 둘 중 하나만 존재한다. 그러니 목숨을 걸고서라도 반드시 해내자."

여러 고객사의 관계자들을 만날 때마다 두고보란 듯이 당당하게 외쳤다.

"앞으로 두고 보세요! 신기술을 개발해서 어떻게든 최고의 기업이 되겠습니다!"

하지만 나의 이런 다짐에 다들 실소를 터트리며 어이없어 했다. 1차 협력사에도 등록되지 못한 작은 회사가 무슨 수로 최고의 기업이 되겠느냐며 말도 안 되는 소리라고 비웃었다. 하지만 나는 한순간 욱해서 던져본 말이 아니었다. 우리에겐 생존이 걸려 있었기에 목숨을 걸고서라도 무조건 해내야 했다.

원천기술을 가지기 전까지
살아남을 묘책

신기술개발은 의지만으로 되는 것은 아니다. 많은 인력, 자본, 시간이 투자되어야 하고, 여러 인증절차도 밟아야 했다. 즉, 장기적인 관점에서 접근이 필요했다.

그럼 신기술을 가지기 전까지는 어떻게 살아남아야 할까? 시장에는 수많은 업체들이 난립해 있었고 비슷한 기능의 제품과 비슷한 가격의 제품들이 쏟아져 나왔다. 이런 상황에서 고객사들에게 선택을 받으려면 어떻게 해야 할까.

내가 찾은 답은 '고객 중심. 고객 감동'이었다. 항상 기본에 답이 있는 법이다. 결국 같은 제품 같은 가격이라면 누가 더 '감동'을 주느냐에 달려 있었다.

'최대한 그들의 요구를 맞춰주자. 그들이 만족해야 우리 제품을 다시 선택해줄 것이 아닌가.'

어떻게든 고객사들에게 좋은 인상을 심어주어 우리를 다시 찾게 만들어야 했다.

그런데 눈앞의 현실이 그리 녹록치는 않았다. 우리가 작고 약한 회사다 보니 현장에서 1, 2차 협력사들의 무시와 냉대는 물론이고 무리한 요구를 해오는 경우가 비일비재했다.

하지만 그들이 우리를 다시 찾게 만들려면 그들의 요구를 최대한 수용해야 했다. 고객사들은 우리 회사가 아니어도 대안이 있지만 우리는 한 곳 한 곳에서 매출이 절실했다.

고객사들이 무리한 요구를 해도 '안 된다'는 말 대신 항상 '네, 한번 해보겠습니다'라고 긍정적으로 응대했다. 직원들에게도 고객사들의 요구에 거절 대신 '일단 한번 해보겠습니다'라고 답하고 최대한 수용해줄 것을 당부했다.

한 지방 아파트현장에서 조명 설치를 완료했을 때였다. 담당자가 조명이 잘 설치되었는지 테스트를 해야 하니 불을 켜달라는 것이다. 하필 그날 영하의 온도에 눈보라가 심하게 치는 날이었다. 규정상 비가 오거나 눈이 오면 위험할 수 있기에 전기 작업을 해서는 안 된다. 그런데 급하다면서 무조건 해달라고 요구를 해오는 것이다. 아마 다른 회사였으면 절대 안 된다며 버텼을 것이다. 하지만 우리들은 "한번 해보겠습니다"라고 우선 긍정적으로 응대한 뒤 최대한 수용할 수 있는 방법을 찾아나갔다.

또 한 번은 아파트 외부에 LED 설치를 마쳤을 때였다. 외부 조명은 설치 후 조명의 밝기와 눈부심이 적당한지를 테스트한다. 그런데 담당자가 예정된 일정보다 훨씬 앞당겨 해달라고 요구를 하는 것이다. 내부적으로 다른 일정이 계획되어 있어서 쉽지가 않았다.

하지만 거절하기보다는 일단 해보겠다고 대답한 후, 해결 방법을 모색했다. 그리고 자정이 훨씬 넘은 시간 칠흑같이 어두운 곳에서 모든 직원들이 모여 조명 측정 작업을 시작했다. 하필 그 날이 한겨울이고 영하의 기온에 칼바람이 부는 날씨라 온 가족이 추위와 싸우며 고생이 이만저만이 아니었다. 모든 직원들이 날 밤을 새워가며 자료를 만들어 다음 날 원하는 자료를 전달해 주었다.

한번은 A건설사의 아파트 건축 현장에 가로등 설치를 할 때였다. 담당자가 가로등을 설치할 수십 곳에 팻말을 제작해서 푯말 위에 어떤 조명이 설치되는지 세세하게 붙여달라는 것이다. 오랫동안 건설현장에서 작업을 해왔지만 이런 요구는 처음이었고 얼마 후 뽑을 게 뻔했다. 하지만 그때도 우리는 한결같았다.

"네. 알겠습니다. 한번 해보겠습니다."

직원들이 목재가게에 찾아가 직접 목재를 자른 후 A4용지에 가로등 종류를 적어 팻말에 붙여 위치마다 전부 다 꼽았다. 이 작업을 하는 데 3명의 직원들이 2~3일 동안 꼬박 매달렸다.

그런데 A건설에서 푯말을 설치를 했던 그 일이 사내에서 우수사례로 선정되었다. 그 일로 우리 직원들은 우수사례상을 받았

:

고만고만한 수많은 회사들과 죽어라 경쟁을
해서는 차이를 만들지 못한다. 영원히 1차 협
력사에도 등록되지 못하는 회사로 남아야 한다.
원천기술을 개발해서 그들이 무조건 우리 회사
의 기술을 사용하게 만들어야 한다. 고지를 선
점하려면 월등하게 잘하는 것이 있거나, 그들에
게 기술을 제공하는 회사가 되어야 한다.

고, 우리 회사에 대한 이미지 역시 크게 좋아졌다. 그때의 인연으로 다른 현장에서 계속 일을 하게 되었고, A건설의 여러 현장에 우리 제품을 납품할 수 있는 기회까지 얻을 수 있었다.

가끔 우리 업무도 아닌 그들의 일을 해달라 요청할 때면 거절하고 싶었다. 하지만 거절하기가 무서웠다.

"앞으로 우리에게 일을 주지 않으면 어쩌지?"

"서운하게 생각하면 어쩌지?"

걱정과 두려움이 드는 것이다. 그러니 울며 겨자 먹기로 어쩔 수 없이 그들의 요구를 들어줘야 했다. 이런 약자의 현실이 서글프기도 했다.

너무 지나친 요구를 해 올 때면 직원들이 불만을 토로할 때가 있었다. 나라고 왜 그 마음을 왜 모르겠는가. 나 역시 가슴이 답답하고 속상할 때도 많았다. 하지만 이것이 우리의 현실이었다.

그들과 대등한 위치에서 싸우려면 우리가 월등하게 잘하는 부분이 있거나, 우리를 무시할 수 없는 무기가 있어야 했다.

우리에게는 그들과 맞서 싸울 무기가 없었다. 그러니 무기를 갖출 때까지는 현실이 어려울지라도 이겨내야 했다.

직원들에게도 우리의 현실을 인지시키고, 나를 믿고 따라와

달라 부탁했다. 그리고 모든 직원들 앞에서 약속했다.

"조금만 참읍시다. 기필코 우리만의 신기술을 개발해서 아무도 무시할 수 없는 위대한 회사를 만들겠습니다."

누군가에는 이런 우리 모습이 서글프게 비춰질 수도 있을 것이다. 하지만 이런 시간들 역시 우리가 성장해가는 과정이라 여겼다. 1, 2차 협력사들도 처음부터 그 자리에 있었겠는가. 지금의 우리처럼 작고 약한 회사였지만 중간에 많은 위기와 고비를 넘긴 후 그 단계에 올랐을 것이다. 그러니 우리 회사도 지금은 무시를 당하지만 참고 견디면 위로 올라갈 수 있을 것이라 생각했다. 그때까지 우리가 할 수 있는 범위 내에서 최선을 다하자 싶었다.

현장에서 어떤 순간에도 고객사들의 요구에 부정적인 말을 꺼내본 적이 없다. 일단 긍정적으로 대답하고 최대한 수용해나갔다.

'그래, 어차피 해야 할 일이다. 우리가 그들의 귀찮은 일, 허드렛일을 대신해주면 그들은 일하기가 훨씬 수월해질 거고, 그러면 우리 회사를 좀 더 신경 써주겠지.'

고객사들 허드렛일, 손이 많은 가는 귀찮은 일을 요청해올 때도 얼굴을 붉히지 않고 해결하려 노력하는 모습을 보이자 차츰 시간이 지나면서 우리의 이런 모습이 업계에 소문이 나기 시작했다.

　현장에는 우리처럼 작고 영세한 여러 협력사들이 함께 작업을 한다. 그들은 고객사들이 무리한 요구를 해오면 거절하거나, 마지못해 억지로 하곤 한다. 그런데 우리는 무슨 일이든 긍정적으로 대답해주고, 열심히 우리의 일처럼 해보려 했다. 그러자 고객사들도 우리에게 너무 고마워하는 것이다. 이후 다른 프로젝트에 우리와 함께 같이 일하고 싶다며 다시 찾아주었고 파트너사로 좀 더 배려해주면서 좋은 관계를 이어갈 수 있었다.

　목표가 현실이 되게 하려면 강렬한 의지와 열정을 실천하는 태도가 필요하다. '이렇게 되고 싶다, 이렇게 해야 한다'라고 하는 말로는 충분하지 못하다. 깊은 곳에서 솟구쳐 나오는 의지는 고객을 대하는 태도 하나하나에서 드러난다.

　'우선 해볼까?' '남들도 다 하는 것이니까 해보자' 하는 정도로는 절대로 사업에서 성공할 수 없다. 어떤 어려움을 마주쳐도 미적대거나 부정적으로 대응하지 않아야 한다. 반드시 실현하려고 하는 강한 집념이 없으면 신규 사업을 성공적으로 이끌 수도 없고 사업을 다각화해서 새로운 도약을 꿈꿀 수도 없다.

02

리 더 의   자 격

리더의 능력을 키우는 법

경고음은 울리고 있었다. 언젠가부터 조직 내부에서 크고 작은 문제들이 터져 나왔다.

나는 창업 초부터 항상 사람 냄새 나는 회사를 꿈꿔왔다. 편하고 인간미 넘치는 일터, 직원들과 자유롭게 소통하고 서로 존중하고 배려하는 분위기에서 일할 수 있는 회사를 바라왔다. 다행히 직원들이 10명 남짓할 때까지는 내가 꿈꾸어 왔던 대로 인간미 넘치는 분위기에서 재미있게 일해 왔다.

그 시절에 나는 직원들과 함께하는 자리에서 매출이나 목표와 같은 이야기를 꺼낸 적이 드물었다. 회사의 생존을 책임지는 사장으로서 내가 매출에 대한 압박감과 부담감을 짊어지면 된다고 생각했다. 이미 각자의 영역에서 자신의 몫 이상을 해주고 있었고 부족한 부분은 내가 더 열심히 뛰면 된다 생각했다.

직원이 적었기에 일대일로 소통하면서 업무상 고충은 물론이고 개인적인 고민까지 공유하면서 지냈다. 덕분에 직원들과의 관계가 굉장히 끈끈했고 갈등이 발생하는 일도 드물었다.

이후 사업 영역이 넓어지면서 여러 부문에서 직원들이 필요했고, 어느덧 20명으로 늘어나 있었다. 나의 역할도 차츰 달라졌다. 매출과 영업에 더 집중해야 했다.

그러자 이전처럼 모든 직원들과 일대일로 소통하기가 어려워졌다. 마음속으로는 한 사람 한 사람에게 모두 관심을 가져주고 싶었지만 현실적인 한계에 부딪쳤다. 구성원들마다 성격과 가치관, 성향이 모두 달라서 그들의 요구사항을 모두 수렴하기도 점점 어려워졌다.

더 이상 수평적 조직을 이끌어 가기에는 무리였다. 오랜 고민 끝에 팀을 세분화했다. 하지만 내가 생각했던 방향으로 조직을 이끌어가기가 쉽지 않았다.

회사의 성장단계에 따라 리더의 역할과 책임은 달라지기 마련이다. 각 단계에 따라 리더는 다른 리더십을 발휘해야 한다. 당시 나는 팀조직에 적합한 리더십을 보여줘야 했다. 그런데 팀조직이 처음이다 보니 모든 게 낯설고 어렵게 느껴졌다.

팀별 목표는 어떻게 설정해야 하는지, 동기부여는 어떤 방법으로 해야 하는지, 평가나 보상은 어느 정도가 적당한지, 회의는 언제 어떤 주기로 하면 좋을지 도무지 갈피를 잡기가 어려웠다. 더욱이 엔지니어 출신이라 경영 전반에 대해서 잘 몰랐다.

내가 우왕좌왕하는 사이 팀 간 불협화음이 발생하고, 팀장과 팀원 간 갈등, 팀원들 사이에도 여러 오해가 생겨났다.

사람처럼 조직도 성장통을 앓는다. 조직의 몸집이 커지면서 기존의 체제로는 감당을 하지 못하는 것이다. 나도 직원들도 팀조직이 처음이다 보니 서로가 힘들었다. 그렇게 내부 갈등은 커져갔고 혼자 이리 뛰고 저리 뛰면서 갈등을 봉합하려 했지만 쉽지 않았다. 하루가 멀다 하고 내부에서 문제들이 터져 나왔고 도저히 혼자 감당하기가 어려워졌다.

조직 관리는 사람과 사람 사이 관계의 문제다. 의지와 열정만으로 해결할 수 없다. 머리가 터질 듯 고민을 해도 답을 찾기는커녕 오히려 미궁 속으로 더욱 빠져들어 가는 기분이었다.

주변에 나의 부족함을 채워줄 역량을 갖춘 사람이나 멘토라

도 있었다면 조언을 구했을 텐데, 아무도 없었기에 더욱 힘이
들었다.

부족함이 있음을
부끄러워하지 마라

나 스스로에게 질문을 던졌다.

"내게 사장 자격이 있는 것일까? 내가 사장을 하는 것이 옳을
까?"

자신 있게 "그렇다"고 답을 할 수가 없었다. 도저히 자신이 없
었다. 지금의 내 능력으로는 회사를 성장시켜 다음 단계로 이끌
어갈 자신이 없었다. 혹시라도 그 중간에 잘못된 결정을 한다면
회사 전체가 위태로워질 수 있었다.

나 하나 실패하는 것은 어찌 견뎌볼 수도 있었다. 하지만 직원
들을 떠올리면 절대 무너져서는 안 되었다. 그간 직원들이 회사
가 성장할 것이라는 희망으로 자신의 많은 것을 희생하며 여기
까지 달려왔다.

그런데 이제 와서 내가 회사를 성공시키지 못하면 그간 직원
들이 투자했던 시간과 노력은 어디에서 보상받는단 말인가? 그

런 상상만으로도 가슴이 답답해져왔다.

'내가 배워야겠다. 배우지 않고는 100% 실패하겠구나. 어떻게 든 공부를 해서 부족함을 채우자.'

지난 5년 동안 내가 회사를 이끌어온 건 나의 의지의 역할이 컸다. 하지만 이제는 그런 방식으로는 더 이상 힘들었다. 지금보 다 더 성장시키려면 체계적으로 배우고 공부해야 했다.

냉정하게 따지고 보면 조직관리와 인사관리에 대한 것뿐만 아 니라 재무, 세무, 회계에 대한 지식도 많이 부족함을 실감했다. 리더로서 경영 전반에서 대해서 좀 더 체계적으로 배우고 익혀 야 했다.

"어디서 어떻게 배워 나가야 할까? 어떻게 하면 지금의 조직 을 안정시키고 한 단계 더 성장시킬 수 있을까?"

창업 초부터 마음속에 항상 100억을 넘어 1조 규모의 큰 회사 로 키우겠다는 목표가 있었다. 하지만 이러한 목표도 회사가 생 존하고 성장해나갈 때 가능한 것이었다. 아무리 고민을 해도 외 부에서 현명하고 지혜로운 경영자가 들어오지 않으면 성장은 불 가능했다. 오랜 고심 끝에 결론을 내렸다.

"사장의 자리를 내려놓자. 지혜로운 리더를 모셔와 많은 것 을 보고 배우자."

그런 분이 우리 회사에 들어온다면 조직을 안정시키고 한 단계 성장시킬 수 있을 것 같았다.

그런데 한편으로는 내려놓는다 생각하니 여러 감정들이 교차했다. 5년 전 홀로 500만 원으로 사업을 시작해서 지금껏 숱한 고비를 넘기며 여기까지 이끌어왔는데 어떻게 쉽사리 내려놓을 수 있을까.

하지만 냉정해져야 했다. 개인적인 감정보다 회사의 성장이 우선이다. 회사는 나 혼자만의 것이 아니라 우리 직원들 모두의 것이고 더 나아가 주주들의 것이다.

'내가 창업을 했다는 이유로 능력이 부족함에도 계속 이끌어가는 것이 옳은 일일까?'

그것은 올바른 리더의 모습이 아니었다.

내가 사장의 자리를 내려놓음으로 우리가 성장할 수 있다면 그 이상의 어떤 희생이라도 감당해야 했다. 할 수 없는 것을 내려놓는 일은 무능한 것도, 비겁한 것도 아니다. 오히려 부족함을 인정하고 내려놓아야 할 때를 알고 내려놓는 사람이 더 현명한 리더라 생각했다.

조직의 성장을 위한
리더의 일보 후퇴

이후 우리 회사에 적합한 경영자를 찾기 시작했다. 그때 내 머릿속에 떠오른 분이 필립스 아시아 총괄 법인장을 역임하신 서태석 네패스 부회장님이었다. 사업적인 파트너로 일하는 과정에서 대표님의 경영능력과 인적 네트워크 등이 굉장히 인상적이었다. 회장님의 역량을 지켜보면서 우리 회사에 꼭 필요한 분이라 생각했다.

우리는 신기술개발과 조직 관리에 심한 갈증을 느끼고 있었다. 회장님을 모셔온다면 터닝 포인트가 되겠다고 생각했다. 하지만 연매출 10억에 직원 20명인 우리 회사 규모에서 모시기엔 너무 큰 분이었다.

더욱이 큰 분을 모셔오기 위해서는 그에 걸맞은 대우를 해드려야 했다. 회사의 자금 사정으로 큰 부담이었다. 하지만 우리의 생존이 걸려 있었기에 그 어떤 지출을 해서라도 꼭 모셔와야겠다 싶었다. 회장님께 여쭤보지도 않고 명함도 미리 만들어두었다.

회장님께 우리 회사의 내, 외부 상황을 솔직하게 말씀드리고, 간절하게 와주십사 부탁을 드렸다. 처음에는 그저 웃으시면서

:

　사업가는 정체된 것, 안정적인 것을 바라지
않는 사람이어야 한다. 상식에 사로잡히지 않
는 사람이면서, 노력하면 가능성이 열린다는
사실을 믿는 사람이어야 한다. 자신의 가치를
스스로 매길 줄 알고, 그 가치와 대의를 위해 자
신의 위치를 내려놓을 줄도 알아야 한다.

거절을 하셨다. 큰 회사들에서 오랫동안 몸담아 오셨던 분이 보기에 나의 제안이 얼마나 황당했겠는가. 하지만 포기하지 않고 기회가 생길 때마다 계속 간곡하게 부탁드렸다. 여전히 별말씀이 없으셨지만 여기서 물러설 수는 없었다.

세상에서 제일 어려운 일이 마음을 얻는 일이다. 마음을 움직이려면 진실한 정성이 필요하다.

회장님의 마음을 움직이기까지 2년이라는 시간이 필요했다. 회장님을 모셔오기 위해 2년 동안 매주 월요일 아침 8시에 충북 오창에 위치한 네패스 본사 회의에 참석했다. 매주 월요일이면 모든 일정을 뒤로한 채 무조건 회의에 참석했다.

우리 회사가 있는 경기 성남에서 충북 오창까지는 꽤 거리가 멀어서 아침 8시 회의에 참석하려면 새벽에 나서야 했다. 어떤 날은 그 전날 근처 모텔에서 자기도 하고, 어떤 날은 새벽 일찍 출발해서 팀 회의에 한 번도 빠짐없이 참석했다.

주변에서는 왜 그리 힘들게 계속 참여하느냐고 의아해했지만, 나는 어떻게든 회장님의 마음을 사고 싶었다. 이런 나의 간절함 마음이 전달된 것일까. 성남과 오창을 오가며 아침 회의에 참석한 지 2년이 다 되어갈 때쯤 회장님의 마음이 움직이셨고, 결국 승낙을 받아낼 수 있었다.

사업을 시작하고
가장 많이 울었던 날

회장님의 합류가 최종적으로 결정된 날, 마음이 착잡했다. 직원들에게 나를 대신해 회장님이 앞으로 회사를 이끌어갈 것이라는 소식을 전해야 했다. 그런데 막상 이야기를 꺼내려니 차마 입이 떨어지지 않았다.

지난 5년 동안 회사를 이끌면서 우리에게는 숱한 위기와 고비가 있었다. 하지만 함께하는 직원들이 있었기에 그 시간들이 결코 외롭지 않았다. 매년 직원들과 워크숍을 갈 때면 끝까지 함께하자며 약속했었다. 그런데 내 능력 부족으로 그 약속을 지키지 못하게 된 현실이 너무 괴롭고 슬펐다.

수차례 망설이다 겨우 용기를 내서 이야기를 시작했다.

"여러분들에게 정말 미안합니다. 제가 끝까지 이끌어가고 싶었지만 능력이 부족해서 끝까지 함께해주지 못해서 너무 미안합니다.

직원들을 고생시켜놓고 회사를 성장시키지 못하는 리더는 올바른 리더가 아닌 것 같습니다.

제가 못하면 잘하는 사람이 와서라도 이 회사를 반드시 살려야 합니다.

이 시간 이후로 대표직을 내려놓겠습니다. 앞으로는 회장님이 우리 회사를 이끌어주실 겁니다."

이야기를 마치자마자 그간 참았던 눈물이 봇물처럼 쏟아져 나왔다. 울지 않으려 해도 터져 나오는 눈물을 막을 수가 없었다.

10년 동안 회사를 이끌면서 펑펑 울어본 적은 딱 2번이었다. 이날이 내가 가장 많이 울었던 날이었다. 너무너무 괴롭고 힘들었다. 직원들 역시 갑작스러운 소식에 너무 놀라워하며 눈물을 흘렸다. 직원들은 '합심해 더 열심히 하면 되지 그럴 필요까지 있느냐'며 반대했다. 하지만 오랜 시간 심사숙고 끝에 내린 결정이었고, 내 판단이 옳다 믿었다. 사장의 자리를 내려놓고 직원들을 잘 다독여, 새로운 경영자를 맞을 준비를 해나갔다.

이후 회장님이 오시면서 조직 내 변화가 시작되었다. 나는 영업과 현장에 집중하고, 회장님은 내부 조직 체계와 시스템을 만드는 데 주력하셨다. 그간 우리 회사는 조직 내부에 체계화된 관리체계나 시스템이 거의 없는 상태였다. 회장님은 오랜 경험과 연륜으로 우리의 부족한 부분을 하나둘씩 채워주셨다.

직원들과 소통하면서 팀별로 목표를 설정해주고 어떻게 달성

해나갈지 함께 계획을 세우고 중간 중간 실천 상황을 잘 점검해 주셨다. 또, 팀 간의 갈등이 생기지 않게 옳은 방향으로 조율해주고, 팀별 업무 평가와 보상체계도 만들었다. 이외에도 주기적으로 부서회의, 월 회의를 주관하시는 등 회사 전체가 하나의 방향으로 움직일 수 있도록 다방면에서 중대한 역할을 해주셨다. 그러한 과정을 거치면서 조직 내에 여러 관리 체계와 시스템들이 만들어졌다.

그때 도입된 시스템 덕분에 이후 조직운영이 훨씬 수월해졌다. 지금도 투자사들이 우리 조직 내부를 살펴본 후 웬만한 중견기업에 비해 시스템이 잘 갖추어져 있는 사실에 깜짝 놀라곤 한다. 회장님이 시스템과 체계를 잡아주신 덕분이다. 직원들은 이런 새로운 변화들에 적응하기 위해 고군분투 중이었고 나 역시 회장님 옆에서 조직관리 방법에 대해서 많은 것을 배워나갔다.

하지만 안타깝게도 직원들 중 일부는 이런 변화를 많이 힘들어했다. 이렇다 할 체계가 없었던 상황에서 조직 내 제도와 체계들이 생겨나자 적응하기가 너무 어렵고 부담스러웠던 것이다. 그 마음을 이해 못 할 바도 아니었다. 하지만 우리가 한 단계 더 성장해가려면 이 변화를 인정하고 받아들여야 했다.

회장님을 모셔온 이유도 바로 이 때문이었다. 회사는 가야 할 방향이 명확하게 정해져 있었고, 우리가 원하는 목표를 이루기 위해서는 모든 직원들이 같은 방향으로 움직여야 했다. 하지만 몇몇 직원들은 다른 방향으로 가기를 원했고 그 간극을 끝까지 좁힐 수가 없었다.

결국 그 과정에서 안타깝게도 몇몇 직원들이 떠나갔다. 초창기부터 계속 부대끼면서 고생했던 직원들이 떠나가자 너무 괴롭고 슬펐다. 심한 가슴앓이를 했다. 하지만 조직이 커지면 모든 사람들이 함께 갈 수 없다는 현실을 받아들여야 했다. 이 역시 우리가 성장해가는 하나의 과정이었다.

이후 마음을 추스르고 현장을 누비며 하루하루 내 역할에 충실했다. 그리고 그간 마음속에 염두에 두었던 새로운 도전을 시작했다. 가천대 석사과정에 진학해 기술과 경영을 같이 배울 수 있는 기술경영 공부를 시작했다. 학교에서 공부는 이론 위주 수업이었지만 이미 현장을 경험했기에 훨씬 이해가 빨랐고, 여러 영역에서 많은 도움이 되었다. 미흡했던 조직, 인사관리, 재무회계에 대한 지식을 쌓는 것은 물론이고 우리 회사의 방향과 나의 역할에 대해서 좀 더 진지하게 생각해볼 수 있었다.

그간 너무 일에 매몰되어 있다 보니 다른 분야에 관심을 가지지 못했다. 하지만 여러 분야의 다양한 사람들을 만나면서 내가 미처 보지 못했던 세계에 대해서 배울 수 있었다. 그렇게 나의 부족함을 조금씩 채워나갔고 차츰 조직도 제자리를 찾아갔다.

가끔 직원들 앞에서 펑펑 울었던 그날을 떠올리곤 한다. 만약 그때 내가 나의 욕심 때문에 사장의 자리를 내려놓지 못했다면 지금 우리의 모습은 없었을 것이다.

아무리 소중한 것이라도 내려놓아야 할 때가 있다. 인생의 모든 것을 걸고 만들어온 것을 한순간에 내려놓기란 참으로 쉽지 않다. 하지만 경험해보니 내려놓는다고 해서 모든 게 끝나는 것은 아니다. 새로운 변화의 시작이다.

03

개 척 정 신

어떻게 새로운 가치를 만드는가

세상에 없던 신기술을 개발하는 일은 그 누구도 섣불리 성공을 확신하기란 어렵다. 얼마나 많은 시간이 걸릴지, 자금이 어느 정도 소요될지 모든 것이 미지수다. 신기술개발은 한마디로 불확실성과의 싸움이다.

신기술을 개발하겠다고 했을 때 주변의 반대가 심했다. 대기업도 아니고 작은 기업에서 무슨 수로 성공하느냐며 불가능하다고, 무모한 도전이라고 비웃었다. 개발을 위한 전문 인력도, 자금이나 시설도 장비도 무엇 하나 갖추어진 것이 없는 우리 같은 작은 기업이 신기술개발을 시도하는 건 무리라는 것이다.

객관적으로 보면 그들의 말이 맞았다. 자본도 인프라도 없이 모든 여건이 부족한 우리에게 너무나 큰 도전이었다. 아무도 가지 않는 미지의 길을 개척해 나가야 하는 일이었다.

길이 없다면 우리가 그 길을 만들어서라도 기필코 해내야 했다. 그 길을 만드는 과정이 순탄치 않을 것이라고는 이미 각오를 했다. 숱한 실패와 시행착오가 있을 것이었다.

각오는 굳셌다. 하지만 신기술개발까지 걸린 3년의 시간 동안 얼마나 혹독한 집념의 시간이 필요한지 그때는 감히 상상하지 못했다.

아무도 시도하지 않은
완전히 새로운 길

신기술개발의 과정은 예상보다 더욱 힘들었다. 생존을 위해 허리띠를 졸라매고 한 달 한 달 버티는 한편 기술개발에 총력을 다했다. 하지만 절박한 심정과 달리 기술개발 속도는 너무나 더디기만 했다.

우리의 돌파구는 실리콘렌즈를 개발하는 것이었다. 보통 LED

조명은 수명이 길고 제품에 따라 배광이 다양해서 렌즈를 꼭 씌워야 한다. 그때까지 업계에서는 렌즈의 재료로 플라스틱, 유리, 아크릴이 많이 이용하고 있었다. 그런데 플라스틱과 유리는 빛의 투과율이 80~90%정도에 머물렀고, 금형 제조방식이라 제작시간도 길고 가격도 비쌌다.

이에 비해 실리콘은 기존 재료들에 비해 고열에 강하며 장시간 사용해도 변색이 없다는 장점이 있었다. 또 실리콘은 유리나 아크릴에 비해 무르고 유연해서 열성이 강하고, 빛의 투과율도 99% 정도 되기 때문에 광효율도 훨씬 높았다.

여러 면에서 실리콘은 기존 재료들의 단점을 보완할 수 있는 획기적인 제품이었다. 실리콘으로 렌즈를 만드는 기술은 국내는 물론이고 세계적으로도 한 번도 시도된 적이 없었다.

문제는 시장의 수요였다. 아무리 훌륭한 제품도 찾아주지 않으면 시장에서 무의미했다. 여러 채널을 통해서 실리콘렌즈에 대한 수요 조사를 해나갔다. 다행히도 기존 렌즈들에 한계를 느끼고 있었던 여러 고객사들에게서 긍정적인 반응을 보였다. 실리콘렌즈는 실내외 LED조명은 물론이고 자동차, 핸드폰, 반도체 검사장비, 의료용 장비, 자동차 헤드라이트 등 렌즈가 들어가는 수많은 제품에 적용할 수 있었다. 예상했던 것보다 적용할 수 있는 곳이 훨씬 많았다.

충분히 시장성이 있다는 확신이 들었다. 그제야 한 줄기 빛이 보이는 것 같았다.

부끄러움 없는 제품으로 승부하자

제품에는 사람의 마음이 드러난다. 조잡한 마음으로 만들면 조잡한 물건이, 섬세한 마음으로 만들면 섬세한 물건이 탄생한다. '제품이 걸어오는 말에 귀를 기울인다'고 할 정도로 섬세하게 집중하여 고객의 감동을 불러일으키는 제품을 만들어내려는 노력이 있어야 한다.

새로운 기술로 완벽한 품질의 제품을 만들기란 쉽지 않았다. 실패의 연속이었다. 하나의 기술을 터득했다 싶으면 그것은 한 개의 고개에 불과했다. 다시 마음을 추스르며 실험 조건을 모조리 다 바꿔보고, 일본과 중국에 직접 가서 각 제조사들의 여러 종류의 재료를 공수해 와서 수백 가지의 조합으로 조건을 바꾸어 실험을 하고, 해외 서적과 석박사들의 논문을 참고하면서 연구에 연구를 거듭했다.

개발 과정에서 여러 번의 고비가 찾아왔다. 연구기간이 예상보다 길고, 환경도 열악하다 보니 중간에 지치기도 하고 침체기가 오기도 했다.

함께 고생하는 직원들을 보면 안쓰럽고 애처로웠다. 하지만 직원들이 기술개발에 몰두할 수 있도록 아무리 자금에 쫓겨도 개발에 필요한 자원을 아끼지 않았다.

마라톤을 하다 보면 처음 달리기 시작했을 때는 숨이 턱밑까지 차오르고 극도의 고통이 전신에 퍼진다. 하지만 그 순간을 넘겨 사점에 이르게 되면 장거리를 달릴 수 있는 상태가 된다.

몸을 만들 때는 어떠한가. 몸에 근육이 붙기 위해서는 근육이 찢어지는 고통을 감내해야 한다. 고통이 지속되고 반복되면 몸은 그것을 감당하기 위해 더 많은 근육을 만들어낸다.

우리의 기술개발도 그와 같은 이치다. 우리의 도전은 국내는 물론이고 세계에서도 사례가 없는 일이었다. 힘들어도 참고 견디면 분명 결실을 맺을 수 있을 것이라 믿었다.

그리고 2년이 넘어갈 때쯤, 드디어 우리가 원하는 수준의 기술을 완성했다. 모든 직원들이 개발된 실리콘렌즈를 숨죽여 지켜보았던 그 순간이 지금도 눈에 선하다.

이제 고생이 끝났다고 맘껏 기뻐하며 크게 환호성을 지르기도 했다.

이제 매출로 연결시키기만 하면 됐다.

철저하게
고객의 필요에 맞춰라

아무리 최고 품질의 제품을 만들어도 고객에게 필요하지 않으면
팔 수 없다.

철저하게 고객의 필요에 맞추어야 비즈니스에서 살아남을
수 있다. 그럴 수 없다면 안그래도 인지도가 낮은 벤처기업은
비즈니스 기회를 잡을 수 없다.

어렵게 만든 실리콘렌즈 주문이 쇄도할 것이라 기대했다. 하
지만 우리의 기대와 전혀 달리 시장에서는 별 반응이 없었다. 그
동안 3년이라는 기간 동안 기술개발에 몰입해온 우리들은 우리
만의 기술에 대한 기대가 컸기에 상심도 컸다.

'무엇이 문제일까? 어떻게 시장에 진입할 수 있을까?'

수많은 고객사들을 찾아다니면서 제품을 홍보했지만 아무리
외쳐도 매번 우리만의 외침이었다. 시장에서는 공인된 기관에서

검증받은 확실한 제품을 원하는 것이었다.

"무슨 수를 써서든 기술인증을 받자. 공인된 인증 없이는 아무도 인지도가 낮은 회사의 기술을 써주지 않는구나."

6개월간의 노력 끝에 산업통상자원부 국가기술표준원으로부터 신기술 인증을 획득한 그날을 잊을 수가 없다. 고생했던 시간을 모두 보상받는 듯해서 가슴이 벅찼다.

신기술 인증소식이 알려지자 그동안 별 반응이 없던 업체들이 차츰 관심을 보이기 시작했다.

그즈음 운도 따라주었다. 정부에서는 동반성장관련법 활성화 차원에서 '성과공유제'를 장려하고 있었다. 성과공유제란 대기업이 협력사와 함께 신기술을 개발하거나 공정개선, 비효율제거 등의 활동을 함께 추진하고 여기서 발생한 이익을 서로 나눠 갖는 제도이다. 운이 좋게도 우리 회사가 대형 건설사와 함께 성과공유제에 선정되어 공동개발 프로젝트를 시작했고 공동특허까지 출원했다.

그 과정에서 우리의 실리콘렌즈 기술력이 크게 입증이 되었고 현장에 적용되기 시작했다. 이후 입소문이 크게 나면서 다른 고객사들에서 우리를 찾기 시작했고, 투자에 대한 결실을 하나둘 맺기 시작했다.

：

　목표를 이루기 위해 가장 중요한 것은 바로 집념이라고 나는 확신한다. 어떤 역경이 있어도 뛰어넘으려는 사람, 성취할 때까지 해내려는 강한 의지가 몸속 깊은 곳에서 솟구쳐 나오는 사람이 아니라면 창조적인 성공을 할 수가 없다.

　신기술을 개발하겠다고 했을 때 주변의 반대가 심했다. 대기업도 아니고 작은 기업에서 무슨 수로 성공하느냐며 무모한 도전이라고 비웃었다. 하지만 나는 결국 해냈다.

가치는
고객이 가장 잘 알아본다

기술력이 입증되면 업계는 아무리 작은 회사라도 바라보는 시선이 달라진다. 예전에 우리 회사는 수천 개 회사 중 하나였다. 하지만 기술력을 획득하고 공인된 인증까지 받으니 '독자적인 기술력으로 승부하는 회사'라는 평가가 이어졌다.

주문량이 차츰 늘어나더니 놀랍게도 1년 후에는 수십만 개 주문이 이어졌다. 내부에서는 물론이고 경쟁업체에서도 깜짝 놀라는 수치였다.

이처럼 주문량이 늘어난 비결은 뭘까? 우리만의 기술력이 있었기에 가능했다.

회사의 위상도 많이 달라졌다. 예전에는 1차 협력사가 아니면 대형 건설사들과 일하기란 거의 불가능했다. 하지만 1, 2차 협력사들은 물론이고 대형 건설사들이 먼저 우리에게 손을 내밀었다. 독자적인 기술력을 갖추자 그들과 직접 거래할 수 있는 기회들이 찾아온 것이다.

이후 국내 유명 건설사들의 여러 현장에서 우리 기술이 계속 채택되어갔다. 그 과정에서 여러 고객사들로부터 주문량은 계속 늘어났고, 생산설비와 시설을 24시간 가동해도 밀려드는 수요를 감당하기가 어려워졌다. 생산설비를 늘려가면서 수요에 발 빠르게 대처해나갔고, 모든 직원들이 눈코 뜰 새 없이 정말 바쁘게 움직였다. 회사의 매출은 점점 상승해갔고 안정적인 궤도에 오를 수 있었다.

가끔 신기술개발에 매진했던 3년의 시간이 떠오르곤 한다. 그 시간 동안 '제발 그만 투자하고 포기하라' 소리를 수백 번은 들었다.

주변에서는 불확실한 신기술개발에 왜 그렇게 많은 돈을 쏟아붓는지 이해하지 못했다. 그도 그럴 것이 전체 개발에 투자된 돈이 무려 30억 원에 가까웠다. 대기업도 아니고 작은 기업에서 감당하기에는 엄청난 돈이었다.

하지만 나는 단 한 번도 포기한다는 생각을 해본 적이 없었다. 돈이 얼마가 들어가든, 시간이 얼마가 더 소요되든 어떻게든 성공시키고야 말겠다는 생각으로 이를 악물고 계속 버텼다. 만약 그 중간에 포기했다면 결실을 맺기 어려웠을 것이다. 우리의 신기술개발은 집념의 승리라 할 수 있다.

원하는 목표를 이루기 위해 가장 중요한 조건은 무엇일까? 천재적인 두뇌, 타고난 성품, 인맥, 운, 타고난 재능…. 여러 조건들이 있을 수 있다.

나는 가장 기본이 되는 것은 바로 집념이라고 확신한다. 재능보다, 운보다 중요한 건 그 사람의 마음가짐과 끝까지 해내겠다는 집념이다.

그 어떤 장애물에 부딪쳐도 어떤 불리한 상황에 놓여도 끝까지 해내겠다는 집념이 있으면 극복할 수 있다.

옛 성인의 고전 중 하나인 『맹자』에서는 어떤 목표를 세워 그 일을 완수하려는 것을 우물 파는 일에 비유하여 설명한다. 우물을 아무리 깊게 팠더라도 샘을 만나지 못하고 중도에 그만둔다면 결국 우물을 전혀 파지 않은 것이나 다르지 않다는 얘기다. 우물을 파다가 물이 나오지 않으면 포기하지 말고 더 깊이 파야 한다. 물이 나올 때까지 말이다.

04

인 재

능력이 아니라 태도가 문제다

"인사^{人事}가 만사^{萬事}"라는 말이 있다. 좋은 인재를 뽑아서 적재적소에 배치하면 모든 일이 잘 풀린다는 뜻이다. 업종을 불문하고 기업 경영을 하면서 이 말보다 중요한 말이 또 있을까.

인재의 중요성은 아무리 강조해도 지나치지 않다. 잭 웰치 GE의 전 CEO는 시간의 75%를 핵심 인재를 찾고 채용하고 평가하고 보상하는 데 썼다고 밝혔다. 호암 이병철 삼성그룹 창업주 역시 "내 인생의 80%는 인재를 모으고 교육시키는 일로 보냈다"고 회고했다.

조직이 커지면서 내 머리를 강하고 무겁게 짓누르는 가장 큰 고민은 인재다. 세상은 너무 빠르게 변하고 있고 주변 사업 여건도 급변하고 있다. 이런 상황 속에서는 아무리 똑똑한 리더라 하더라도 매 순간 옳은 결정을 할 수는 없다. 이런 상황에서 승리하기 위해서는 인재를 확보해 경쟁력을 갖추어야 한다.

리더의 중요한 자질 중 하나는 조직에 잘 융화될 수 있는 인재를 채용하고 적재적소에 잘 배치하는 것이다. 전쟁터 같은 이 시장에서 누구를 채용하느냐에 따라 우리 회사의 운명이 바뀔 수 있기에 신중에 신중을 기해야 한다.

창업 초기 나는 사업 경험이 없었기에 채용에 대한 기준이나 신념이 명확하지 않았다. 23세 나이에 사업을 시작해 초기에는 혼자 모든 걸 감당하며 일어서다 보니 상대의 실력을 감별해내기가 어려웠다.

사업한 지 10년차쯤 되니 나름의 채용 기준이 생겼다. 모든 경험이 재산이라고 그간 우리 회사를 거쳐 간 사람도 적지 않다. 여러 다양한 유형의 사람들과 함께 일을 해보니 어떤 사람을 선발해야 하는지 우리 회사에는 어떤 사람이 적합한지 등 나만의 기준들이 있다.

선한 동기에
투지를 더한 인재

어느 조직이건 성과와 성품을 주 축으로 4개의 인재 그룹을 만들 수 있다. 1번 그룹은 성과와 인성이 모두 좋은 이들, 4번 그룹은 성과와 인성이 모두 나쁜 이들이다. 그리고 2번 그룹은 성과는 좋은데 인성이 나쁜 이들이고, 3번 그룹은 성과는 부족한데 인성은 좋은 직원이다. 모두 좋은 1번 그룹은 걱정할 필요가 없다. 모두 나쁜 4번 그룹은 내보내면 된다. 고민스러운 그룹은 2번과 3번 그룹에 속한 이들이다. 인성과 실력, 이 두 가지 사이에서 고민이 깊어진다.

어떤 이는 회사는 사람과 사람이 모인 곳이기에 성과보다는 인성을 우선시해야 한다고 주장한다. 또 어떤 이는 결과를 내야 하는 2차 집단인 직장에서 인품과 성품이 뭐 그리 중요하냐며 성과를 내는 사람이 중용되어야 한다고 주장한다.

나는 결과를 내야 하는 조직일수록 기본적인 인품과 성품이 훨씬 중요하다고 생각한다. 한마디로 실력보다 인성을 우선시해오고 있다. 올바른 인성을 지녔다는 것은 상대방을 배려할 줄 아는 생각과 행동을 실천하는 삶을 의미한다. 이는 조직생활에서 구성원들과 어울려 생활하기 위한 가장 중요한 덕목이다. 이런 사람은 실력이 부족해도 시간을 가지고 교육을 시키면 얼마든지 실력을 향상시킬 수 있다. 우리 회사의 보석 같은 인재로 거듭날 수 있다.

하지만 성품이나 인성이 부족한 사람은 여간해서 개선시키기가 쉽지 않다. 회사에서 진행하는 모든 일에 사사사건 불만을 제기하고 조직 내에서 끊임없이 문제를 일으킨다. 이로 인해 다른 사람에게 피해를 주고, 급기야 조직 내 전체 분위기를 망가뜨리는 것이다. 또한 이들은 자기중심적인 경우가 많아 조직 내 융화가 어렵고, 회사에 위기가 찾아왔을 때 함께 동참하기를 꺼린다.

결국 아무리 실력이 뛰어나도 인성이 부족한 직원을 채용하면 장기적으로 모래 위에 쌓은 집, 사상누각沙上樓閣과 같다. 겉으로는 화려해 보일지 몰라도 기초가 부족하기에 한 번의 위기에도 무너지며, 그 무너짐은 조직 전체에 큰 피해를 줄 수 있다.

그렇다면 인성의 부족함도 교육을 통해서 극복할 수 있지 않을까? 아주 작은 변화는 가능할 수도 있다. 하지만 성품은 타고난 것이거나 성장과정에서 형성되는 경우가 많아 교육으로 개선되기가 쉽지 않다.

누군가 나에게 성과가 좋은데 성품이 나쁜 직원과 성품은 좋은데 실력이 부족한 직원, 둘 중 누구를 선택할 것인가 물어보면 망설이지 않고 성과는 좋지만 성품이 나쁜 직원을 포기하겠다고 즉시 대답한다.

그렇다면 우리 조직에 잘 융화될 수 있는 인성을 갖춘 실력이 좋은 사람을 어떻게 파악할 수 있을까? 나는 채용을 진행할 때 항상 2차 면접 자리에 참석해서 지원자에게 그 사람의 마음가짐과 관계된 질문들을 던져본다.

어떤 환경에서 성장했는지, 부모님은 화목했는지, 친구들과의 관계는 어떠한지 이때 지원자의 말의 톤과 분위기 등을 들어보면 그 사람의 성격은 어떠한지, 사람들과 융화될 수 있을지 등이 대략 파악이 된다. 이후 같이 생활해보면 면접 때 느꼈던 여러 느낌들이 신기하리만큼 일치하곤 한다.

"실력은 뛰어난데 인성이 부족한 사람과 실력은 부족한데 인성이 괜찮은 사람이 있다고 가정해보겠습니다. 당신이 팀장이라면 어떤 사람을 선택하시겠습니까?"

이 질문을 던지면 지원자들마다 대답은 저마다 다르다. 나는 후자를 선택하는 사람에게 좀 더 점수를 주는 편이다.

이런 나의 기준이 정답은 아니다. 회사마다 인재 채용에 대한 기준과 철학이 다르기 때문이다. 다만 내가 확신하는 건 오래 가

⋮

어린 나이부터 전쟁터 같은 사업 현장을 누비고 다니면서 어린 창업가로 주목도 받아보고 남들이 말하는 바닥을 쳐보기도 하면서 크고 작은 부침들을 겪으며 여기까지 와보니, 중요한 것은 돈도 유명세도 아니라는 걸 알겠다. 중요한 것은 사람이다.

는 회사의 공통점 중 하나는 인간성이 좋은 사람을 우선시한다는 점이다.

스탠퍼드대학교 캐럴드웩 교수는 조직에서 재능보다 도덕성에 가산점을 주는 채용절차를 거쳐야 하는 이유에 대해서 다음과 같이 말한다.

"재능이 있는 사람은 자신이 최고라는 생각에 성공가도를 당연시하고, 상황이 좋을 때만 빛을 발한다. 그러나 한번 상황이 나빠지기 시작하면 악화일로惡化一路를 걷는다. 그리고 최고 브레인의 이미지가 실추될지 모른다는 두려움으로 인해 모험을 회피한다. 실패를 부인하고 남 탓으로 돌린다. 그 결과 혁신이 힘들어진다."

동서양 유명 고전에도 인성의 중요성을 강조하고 있는데 청나라 황제인 강희제는 다음과 같이 말한다.

"인재를 논할 때 반드시 덕을 기본으로 삼아야 한다. 짐은 사람을 볼 때 반드시 심보를 본 다음 학실을 본다. 심보가 선량하지 않으면 학식과 재능이 무슨 소용이 있겠는가. 재능이 덕을 능가하는 자는 나라를 다스리는 일에 결코 도움이 되지 못한다."

나 역시 그들의 이야기에 크게 공감하고 있다. 인성이 부족해도 실력만 보고 선발하면 그 후유증은 고스란히 기업의 몫이다. 업무처리 능력은 우수할지 몰라도 인성이 부족한 구성원은 동료와의 갈등이나 위기에 처했을 때 외면하고 떠나갈 가능성이 높다.

직원들에게
부끄럽지 않은 회사

어린 나이부터 전쟁터 같은 사업 현장을 누비고 다니며 크고 작은 일들을 겪으며 어린 창업가로 주목도 받아보고 남들이 말하는 바닥을 쳐보기도 하면서 여기까지 와보니, 중요한 것은 돈도, 유명세도 아니라는 걸 알겠다. 중요한 것은 사람이다.

창업 초부터 나의 목표는 나와 직원들이 행복한 회사를 만드는 거였다. 직원들이 무조건 행복해야 한다. 직원들이 최고라 자부할 수 있는 회사, 마음 편히 일할 수 있는 회사, 아프거나 다쳤을 때 따뜻하게 챙겨주는 회사를 만들어가고 싶다. 직원들이 행복해야 우리가 만든 제품도 다른 누군가에게 행복을 줄 수 있다. 직원들이 행복해야 장기적으로 좋은 성과도 나올 수 있다.

사업 자금은 부족하고, 기술력도 없어서 늘 을의 입장에서 일을 해야만 하는 시기가 많았다. 그 과정에서 직원들에게 미안했던 건 우리가 해야 할 일이 아님에도 해줘야 하고 회사의 본업이 아닌 다른 일들도 해야만 할 때였다.

우리의 본업인 LED 사업에서 벗어나 다른 일을 해나가자 정체성에 혼란이 온 직원들은 불평불만을 쏟아내기도 했다.

"우리 회사는 종합상사야? 무슨 이런 회사가 있어? 이런 비전이 없는 회사에 계속 다녀야 할까?"

그 마음도 충분히 이해가 갔다. 하지만 회사를 이끌어야 하는 나는 생존이라는 키워드가 있었다. 무슨 일을 해서든 매출을 올려서 살아남아야 했고 그 과정들은 우리가 살아남기 위한 몸부림이었다.

직원들에게 어려운 상황을 설명하고 같이 극복해나가자 설득을 했지만 결국 몇몇 직원들은 떠나갔다. 상황을 이해해주지 못한 그들에게 서운하기도 했지만, 이 모든 것이 나의 능력 부족에서 비롯된 일이기에 직원들을 더 이상 붙잡을 수가 없었다.

주변에서는 나에게 선택과 집중이 필요하다는 말씀하셨다. 하지만 현실적으로 본업에서 매출이 나오지 않을 때는 너무 막막했다. 본업을 해야 하는데 출구는 안 보이고 신기술 개발 역시 기약이 없을 때는 첩첩산중이었다.

그럼에도 불구하고 지금까지 올 수 있도록 든든히 함께 울타리를 지켜준 직원들에게 너무나 감사하다. 우리 회사와 직원들에게는 앞으로의 몇 년이 어느 시기보다 중요한 시간이 될 것이다.

한 단계 퀀텀점프를 할 것인가, 이대로 주저앉을 것인가라는 기로에 놓여 있다. 나는 퀀텀점프를 할 수 있다에 내 모든 에너지를 걸어 본다. 빛을 보고 어둠을 보며 여기까지 와보니 지금이라도 당장 어느 지점에서 다시 시작을 하더라도 더 잘할 수 있다는 자신이 있다.

05

존재의 이유

왜 사업하는가

내 스스로 가장 많이 하는 질문이 있다.

"나는 왜 사업을 하는 것일까?"

성공을 위해서일까? 처음 사업을 시작할 때는 무조건 성공해서 돈을 많이 벌어 부유하게 살고 싶었다. 하지만 시간이 지나면서 고생하는 직원들, 주주들, 주위에서 도와주시는 많은 사람들을 위해 열심히 나아가야겠다는 책임감이 더 커졌다. 그들에 대한 감사한 마음을 실천으로 옮겨서 풍요로운 삶을 살 수 있도록 노력해 그 결실을 함께 나누고 싶다.

나의 목표는 매출 1조 기업, 100년 대계를 바라볼 수 있는 건강한 기업을 만드는 것이다. 우리만의 철학이 없으면 결코 기업은 오랫동안 지속될 수 없다.

그 답을 찾기 위해 나 자신에게 계속 되물었다.

"나는 왜 사는가? 우리는 왜 존재하는 것일까? 우리 모두는 왜 이곳에 모였을까?"

내 자신에게 질문하고 고민을 거듭하자 하나둘 차차 해답이 나왔다. 그 끝에 찾은 단어가 바로 나눔이었다.

창업 초기 교내 창업보육센터에서 지내던 시절, 500만 원으로 사업을 시작했을 때는 나눔에 대한 생각은 꿈도 못 꿨다. 그야말로 내 코가 석자였으니 말이다. 회사에 필요한 자금은 물론이고, 대학 등록금도 내가 벌어서 해결해야 하는 상황이었다.

그때는 지금과 달리 청년 창업이 드물던 시절이라 나의 창업 스토리가 화제가 되어 몇 차례 언론에 오르내리게 되었고, 이후 자리 잡으면서 여러 상을 수상했다.

이런 노력을 인정받아 모교인 가천대학교를 빛낸 인물로 선정되었고 총장장학생 중 한 명으로 발탁되었다. 그렇게 처음 이길여 총장님과 인연이 되었고, 그동안 걸어오신 과정에 대해서 하나둘 알게 되었다. 총장님은 전문 의료인으로 나눔 사랑과 봉사 정신으로 의료인재 양성은 물론 교육사업, 비영리 공익사업 등에 평생을 헌신해온 분이었다. 특히 나눔, 봉사, 애국의 철학을 실천해 오신 부분이 너무 존경스러웠고 닮고 싶었다.

사업이 궤도에 오르고 나서야 내가 학교의 많은 도움으로 어려움을 극복할 수 있었다는 것을 깨닫게 되었다. 학교에서 사무실 공간을 무료로 제공받았고 연구개발에 있어서 부족한 부분은 교수님들에게 자문을 받았다.

학교가 아니었다면 꿈을 실현하지 못했을 것이다. 이제부터는 내가 받은 도움을 조금이라도 갚고 싶었다. 작은 것이나 사소한 것이라도 실천해보자 싶었다. 내가 받은 총장 장학금을 더 어려운 형편에 있는 친구를 도와달라며 모두 기부했다. 당시 우리 회사도 한 푼이 목마른 상황이었기 때문에 주변에서는 어려운 형편에 무슨 기부냐며 의아해했지만 이미 그동안 받은 것으로도 충분했다.

이후 보육센터를 떠나 새로운 사무실로 이전한 후에도 학교와 성남시에서 많은 지원과 도움을 받았다. 그간 받은 도움에 대한 은혜를 갚고 싶은 마음에, 가천대에 열정과 기술은 있어도 창업을 못하는 후배들을 위해 1억 원을 약정 기부했다. 절대 회사에 자금의 여유가 생겨서가 아니었다. 5년 전 나 역시 500만 원으로 어렵게 시작한 처지라 그들의 간절한 입장을 그 누구보다 잘 이해할 수 있었다. 도전과 열정은 있지만 돈 때문에 꿈을 접는 친구들이 없었으면 하는 바람이었다.

비록 내가 기부한 돈은 1억 원이지만 후배들로 인해 100억 원, 1,000억 원이 될 수 있지 않을까. 그 약속을 지키기 위해서라도 더 간절하고 열정적으로 사업에 매진했으며, 여유가 생기는 대로 500만 원, 1,000만 원씩 적은 돈이나마 계속 기부를 했다. 그간 학교의 관심과 도움이 내 꿈에 날개를 달아줬다. 이제 내가 후배들에게 날개를 달아줄 차례라 생각한다.

이외에도 지난 시간 우리를 응원하고 지지해주었던 분들이 너무 많았다. 항상 자금난에 시달리다 보니 친인척은 물론이고 주변 지인들에게 수없이 도움을 요청했다. 그때마다 많은 분들이 외면하지 않고 도와주셨고 덕분에 성장해올 수 있었다.

현장에서 멀어지면
동력을 상실한다

지난 10년 동안 내가 꾸준하게 해오고 있는 일이 있다. 한 달에 1~2번씩 반드시 전국의 여러 현장을 찾아다니는 것이다. 어떤 사람들은 대표가 굳이 바쁜 시간을 내서 현장까지 갈 필요가 있느냐며 의아해한다.

하지만 우리가 지금껏 성장할 수 있었던 비결 중 하나는 항상 현장에서 답을 찾으려 노력했기 때문이다. 앞으로도 지속적으로 성장하기 위해서 현장을 더욱 찾아가야 한다.

대표가 현장에서 멀어지면 시장의 흐름을 분석하는 동력이 상실되어 잘못된 방향으로 이끌 수 있다. 그렇기에 지금도 일부러 시간을 내서라도 꼭 현장을 찾고 있다.

전국의 여러 현장을 돌아다니다 보면 세월의 흐름이 느껴진다. 2008년 자본금 500만 원을 들고 덜컥 사업에 뛰어들었던 것이 엊그제 같은데. 어느 덧 조명업계에 발을 담근 지 횟수로 10년차다.

현장을 돌아다닐 때면 이런 저런 많은 생각들이 스친다.

"내가 이토록 죽기 살기로 일하고 고민하고 스트레스 받는 이유는 무엇일까?"

"기업 성공의 끝이라고 함은 어디까지를 말하는 것일까?"

지금보다 풍요로운 인생을 살아보겠다고 열심히 삶을 사는 것에는 동의하지만, 단순히 돈만을 위해 아등바등 살면서 나이를 먹는다면 노인이 되어 풍요로운 삶을 살게 되었다고 하더라도 생이 공허하고 허무하지 않을까?

우리는 IT 기술로 에너지 효율을 혁신해 인류의 미래를 밝히는 사람들이다. 세상의 빛으로 에너지 절감을 이뤄 인류의 삶을 이롭게 하기 위해 모였고, 연구하고, 만들고, 납품하고, 설치한다.

더 많은 곳에 우리 기술이 접목되어 대한민국을 밝히고 더 나아가 지구 인류의 미래를 밝히게 될 것이다. 이것이 바로 우리의 사명이다.

사회와 선순환이
필요하다

워런 버핏은 이런 말을 남겼다.

"오늘 내가 나무 그늘에 앉아 쉴 수 있는 것은, 다른 누군가가 오래전에 나무를 심었기 때문입니다."

온전히 자신만의 노력으로 이뤄지는 성공이란 세상에 절대 없다. 내가 여기까지 올 수 있었던 것은 많은 분들의 도움이 있었기에 가능한 일이었다.

어떤 이는 회사 사정이 넉넉하지 않은데 사회 환원은 이르다고 말한다. 하지만 돈은 비워야 채워지고 나눌수록 불어나는 법이다. 기업은 회사의 성과를 임직원 및 지역사회와 함께 나누고 상생할 때 한 단계 더 성장하고 더 멀리 갈 수 있는 것이다. 지속적인 성장을 위해서는 기업과 사회와의 선순환이 필요하다.

내가 잘되고, 회사가 잘되고, 내 주위 사람이 잘되어 사회에 기여하는 선순환구조를 갖는 훌륭한 기업으로 만들어가고 싶다. 우리 모두가 열심히 일해서 풍족한 삶을 살아야겠지만 여기에 그치지 않고 좀 더 가치 있는 일, 의미 있게 일하는 기업이 되었으면 한다.

우리의 사명처럼 무한한 사랑과 행복을 나누는 나눔의 공동체를 이루고 싶다. 내가 태어난 대한민국, 더 나아가서는 고용창출도 많이 하고 세금도 많이 내서 나라 발전에도 이바지하고 싶다. 내 조국, 내 나라를 위하는 기업이 되고 싶다. 이후에는 국경을 뛰어넘어 씻는 물조차 없는 아프리카와 전쟁터 속 부모를 잃은 아이들까지도 도울 수 있는 기업이 되고 싶다. 어두운 이 시대에 살고 있는 우리 기업이 빛이 되어 무한한 사랑과 행복을 나누는 기업이 되었으면 한다.

이를 위해서 우리는 앞으로도 지속 성장하며 수익을 창출해야 한다. 지속 성장을 통해 고용창출을 더욱 많이 해서 사회에 기여를 하고, 수익창출을 통해 R&D투자와 사회에 선한 영향력을 미칠 수 있어야 한다.

그동안 사회 곳곳에 총 7억 5,000만 원을 기부해왔다. 비록 큰

금액은 아니지만 우리의 손길이 어려운 곳에 닿아 작은 도움이
되었으면 한다. 앞으로도 더 많은 선한 영향력을 나누기 위해서
우리 기업은 더욱 성장해야 하며 매출과 이익극대화를 이루어야
한다.

아직은 부족하지만 기업가정신으로 1조 매출 기업을 꿈꾸고
더 넓은 세상을 바라보며 선순환으로 균형 있게 성장하는 기업
을 만들어나가고 싶다. 그들을 위해 1,000억을 넘어 1조 매출을
하는 기업으로 성장하여 몇 만 명을 책임지는 기업으로 성장하
고 싶고 이루어낼 것이다.

BUSINESS

INSIGHT

4부

어떻게
살아남을 것인가

: 예상하기 힘든 미래를 돌파하는 자세

모두가 4차 산업혁명이 몰고 올 최첨단의 미래에 투자를 꿈꾸지만, 정작 본인의 스타팅 포인트를 어디에 두어야 하는지 제대로 점검하지 못하고 있는 경우가 대부분이다. 미래에 대한 비전을 제대로 세우기 위해서는 현재의 결정이 초래하는 결과의 본질이 무엇인지 파악하고 있어야 한다. 왜 이 일을 하고 있는지, 왜 이런 결정을 내리는지, 개인과 조직의 존재 이유는 충돌하지 않는지 면밀히 분석하고 포지셔닝을 해야만 미래를 향한 속도와 규직을 정립할 수 있다. 4부에서는 예상하기 힘든 미래를 돌파하기 위해 어떤 태도와 자세를 취해야 하는지 알아본다.

일의 결과는 실패의 연속으로 얻어지는 것이다.

내가 지금까지 한 일 중 99%는 실패였다.

_ 혼다 소이치로(혼다 그룹 창업자)

01

리더의 그릇

지혜로운 리더가 되기 위한 성장통

누구나 리더는 될 수 있지만 지혜로운 리더는 소수다. 창업 10년 차인 나는 여전히 부족하고 아직도 더 많이 배우고 익혀야 한다.

리더의 자질을 깨치며 감정의 컨트롤에 대해 많은 생각을 한다. 얼굴에 드러나는 내 감정과 표정을 관리하는 일은 내게 특히 어려웠다.

조직 내 발생하는 여러 사건들을 대할 때마다 두려움, 불안감, 초조함, 분노 등 여러 감정들이 얼굴에 그대로 나타났다. 그리고 나의 얼굴 표정과 말 한마디에 따라 조직 내 분위기가 완전히 달라졌다. 나의 기분에 따라 조직 분위기가 좌지우지되는 것이다. 내 얼굴이 굳어 있으면 직원들 표정도 굳어지고 전체 분위기도 어두워졌다.

이는 조직 전체에 위험한 일이다. 리더는 어떤 상황에서도 중심을 잡으면서 자신의 감정을 얼굴에 드러내지 않도록 스스로를 제어하고 표정관리를 할 수 있어야 한다. 그런데 나는 아직 부족하다 보니 감정 조절이 쉽지 않고 얼굴에 드러나는 것이다. 고치려고 몇 번이고 마음을 먹어도 쉽지가 않았다. 그럴 때마다 내가 리더로서 자격이 없는 것 같아 스스로를 책망하게 되었다. 감정 하나도 제어 못하는 리더가 대의를 잘 이끌어갈 수 있을까?

고민의 해결은 고전에 있었다. 공자와 손자가 주장하는 리더의 여러 덕목과 자질을 보면서 나의 모습을 비춰 보기도 하고 나 스스로를 반성하기도 했다. 특히 공자가 논어에서 강조한 조직 내에서 신의, 믿음, 사랑과 같은 사람 사는 냄새에 가까운 가치관들에 많은 공감이 되었다.

리더의 자질에 대해서 계속 공부하고 나 스스로를 단련시켜나 갔다. 이런 수행 덕분인지 처음보다는 화를 다스리지 못하는 것, 감정이 얼굴에 드러나는 것, 초조함과 두려움에 대한 표정 변화 등은 많이 개선이 되었다.

외로움의 내성을 키워라

감정을 컨트롤하는 것이 외면을 단련하는 것이라면 내면을 단련하는 데는 무엇보다 외로움을 다루는 것이 큰 비중을 차지한다.

리더는 전장에서 죽음을 무릅쓰고 선봉에 나가 싸우는 사람, 먼지를 먼저 뒤집어쓰는 사람이라는 뜻이다. 중세유럽에서는 리더를 외로움, 인내와 같은 단어와 동의어로 여겼다.

기업을 이끄는 리더는 전장에서 맨 앞에서 싸우는 장수와 같다. 하나의 기업을 이끄는 것은 불확실한 상황에서 모든 것을 판단하고 결정을 내려야 한다.

그 과정에서 목표를 달성할 수 없는 위기가 찾아오기도 하고 구성원 간에 갈등을 겪기도 하고 결과에 대한 무한 책임을 져야 한다. 그럴 때마다 극도의 외로움을 느낀다. 내적 외로움을 감내해야 한다. 그래서 경영자는 항상 외롭고 외길을 걷는다고 말하곤 한다.

그 외로움이 적어도 나에게는 적용되지 않는다 생각했다. 사업 초기에는 외로움을 느낄 틈도 없었다. 죽을 만큼 성공하고 싶었기에 열심히 달려야 했다. 하지만 조직이 점점 커지면서 공감

하는 순간들이 생겨났다.

중요한 의사결정을 할 때마다 '혹시 나의 잘못된 판단으로 회사를 위기에 빠지게 하는 것은 아닐까? 직원들에게 원망을 받지는 않을까? 매출이 부진해서 회사의 생존이 어려워져 모두를 힘들게 만드는 것은 아닐까?' 하며 순간순간 두려움, 괴로움 등 수많은 감정들이 교차했다.

하지만 정작 그 누구에도 이러한 감정을 하소연할 수가 없었다. 그렇게 계속 혼자만의 틀에 갇히게 되고 그 끝에는 외로움이 찾아왔다. 어린 나이에 사회에 일찍 진출하다 보니 나이에 맞지 않은 무거운 책임감을 부여받아서 더 외로운 것인지도 모른다.

지금은 과거와 달리 가까운 곳에서 호흡하는 여러 명의 임원들이 있다. 그들과 함께 사업의 방향이나 전략을 세우기에 예전보다 선택에 대한 두려움은 많이 줄어들었다.

하지만 결국 마지막 결정은 나의 몫이다. 그 누구도 대신해줄 수 없는 선택의 순간이 돌아올 때면 다시 끝없는 외로움이 몰려든다. 규모가 커지면서 의사결정의 크기도 커지고 그에 비례해 외로움의 크기도 더욱 커져만 갔다.

이 또한 내가 견뎌내야 할 몫임을 알게 되었다. 리더는 외로운 의사 결정권자다.

하려거든 짝사랑을 하라

가장 몸서리치게 외로웠던 순간은 오랫동안 정을 주었던 직원들이 떠났을 때였다. 주로 초창기 멤버들이 많았다. 그 시절엔 서로가 많은 것을 공유하면서 가족처럼 끈끈하게 지내곤 했다. 직원들과 함께 나눠서 함께 잘되는 모습을 꿈꿨다.

직원들이 행복하고 회사가 잘되기를 바랐다. 직원들 한 명 한 명 생일마다 선물을 주기도 하고 어버이날이면 직원들 부모님에게 편지와 꽃도 보내주고, 주식을 나눠주기도 했다. 직원들과 함께 다니는 워크숍이 너무 행복했고, 사람이 무섭지 않았다.

직원들이 왜 나갔을까? 곰곰이 생각을 해보니 90%는 내 잘못이었다. 리더의 자격이 부족함이었다.

그런데 그렇게 깊은 정을 주었던 직원들이 하나둘 떠나갔다. 함께 고생하며 가족처럼 지냈던 사람이 떠나자 그 상황이 너무 힘들고 괴로웠다. 큰 상처로 다가왔고, 마음이 뻥 뚫린 것처럼 너무 허전했다.

마음을 추스르기가 힘들어 일도 손에 잡히지 않고 한동안 헤매기도 했다. 그러다 겨우 현실을 인정하고 다시 마음을 추스르고 내 자리로 돌아왔다.

그러다 새로운 직원이 들어오면 다시 정을 주고 마음을 나누었다. 어렵고 고된 환경에서도 최선을 다해주는 직원들이 너무 고마웠고, 조금이라도 그 고마움에 감사함을 표현하고 싶었다. 누군가 집을 산다고 하면 돈을 보태주기도 하고 출퇴근을 힘들어하는 직원에게는 차를 사주기도 했다.

그런데 이번에도 오랫동안 함께하리라 믿어왔던 직원이 또 나가는 것이다. 그럴 때면 또 다시 심하게 마음의 상처를 받았다. 그들의 삶을 인정하면서도 서운한 감정이 들고 배신감마저 들었다. 이후로도 계속 이런 일이 반복되었고 그때마다 가슴앓이를 심하게 했다.

나중에는 자꾸 이런 일이 반복되자 직원들을 대하는 태도가 달라졌다.

'어차피 또 나갈 테니 정을 주지 말자.'

'잘해주면 뭐하나 어차피 언젠가 나갈 사람인데.'

사람에게서 상처받을까 봐 마음이 점점 닫혔다. 마음에 상처가 생기면 면역력이 생겨서 더 나아져야 하는데 그렇지 못했다. 오히려 나 혼자만의 틀을 만들고 그 안에 갇혀가는 느낌, 혼자라는 생각에 지배당하는 악순환이 반복되었다.

한번은 선배 경영자들에게 그간의 직원들로 인해 힘들었던 여러 감정을 호소했다. 그러자 냉정하게 조언을 건네셨다.

"직원들이 알아주지 않는다고 해서 서운해하고 배신감에 힘들어한다는 것은 뭔가 바라는 것이 있어서가 아니었을까요?"

그 말을 듣는 순간 머리를 망치로 한 대 얻어맞은 듯 멍해졌다. 선배 경영자는 계속 이야기하셨다.

"혼자서 힘들고 상처받을 것 같으면 처음부터 주지 말지 왜 주고서 힘들어해요?"

나는 그 동안 직원들에게 나눠주고 배려하는 의미로 했던 내 행동이 순수한 고마움의 표현이지, 한 번도 무언가를 바란 적이 없다 여겼다. 하지만 선배님의 말을 듣고 나 스스로에게 좀 더 솔직해졌다.

인정하고 싶지 않았지만 선배님의 말이 사실이었다. 무언가를 나눠줄 때마다 상대에게 회사에 대한 열정, 주인의식, 애사심 등을 기대했던 것이다. 그런데 이런 기대와 달리 번번이 떠나버리자 상처받고 힘들어했던 것이다. 만약 단지 고마움의 표현이었다면 심한 배신감이 들었을까? 그렇지 않았을 것이다.

그러면서 자연스럽게 직원들과 관계에서는 짝사랑이 필요함을 깨달아졌다. 짝사랑은 상대방이 자기를 바라봐주지 않는다고 해서 그에게 서운해하거나 원망하지 않는다. 짝사랑은 그야말로

:

　'나의 잘못된 판단으로 회사를 위기에 빠지게 하는 것은 아닐까? 직원들에게 원망을 받지는 않을까? 매출이 부진해서 회사의 생존이 어려워져 모두를 힘들게 만드는 것은 아닐까?'

　순간순간 두려움과 괴로움 등 수많은 감정들이 교차했다. 하지만 그중에서도 가장 몸서리치게 외로울 때는 사람과의 관계에서 배신감을 느낄 때였다. 남이 알아주지 않는다고 서운하다면 처음부터 무언가 바랐던 것은 아닌가 돌아보아야 한다.

혼자만의 사랑에서 그치는 것이다. 직원들과의 관계에서도 이런 짝사랑이 필요했다.

'회사라는 울타리 안에 함께 있을 때는 내 온 힘을 다해 짝사랑하자. 인연이 끝났다 해서 섭섭해하거나 원망하지 말자.'

처음에는 마음을 다스리기가 쉽지 않았지만 훈련을 하니 차츰 익숙해져갔다. 이전보다 훨씬 마음이 편해졌다. 이후로는 누군가 떠나갈 때면 예전처럼 마음의 상처가 크지는 않았다. 만약 처음부터 이런 지혜를 깨달았으면 덜 상처받았을 텐데.

무협의 고수는 배움을 청하는 제자에게 최소 몇 년간 여러 허드렛일을 시킨다. 왜일까? 오랜 시간 동안 그 일을 해내는 모습을 지켜보면서 그의 인내심, 자제력 등을 시험하기 위함이다. 이 시험에 통과한 뒤에야 비로소 비법을 하나하나 전수해준다.

제자는 그 비법을 익히고 배우는 데 몇 년의 시간을 보낸다. 그 시간 동안 자신과 계속 싸움을 해나간다. 이 모든 과정을 거치면서 점점 고수에 가까워지는 것이다.

기업의 리더 역시 마찬가지다. 구성원들이 따르고 존경하는 지혜로운 리더가 되기 위해서는 많은 시간과 경험, 노력이 필요하다. 그 과정에서 수없이 상처를 받고 다시 일어서는 과정을 반복하면서 리더의 자질을 하나둘 갖춰가는 것이다.

나 역시 그간 하루에도 몇 번씩 무너지고 깨지고 상처받고 다시 일어서기를 반복해왔다. 하지만 아직도 현명한 리더가 되기 위한 길은 멀기만 하다. 아마 앞으로도 더 많이 넘어지고 깨지고 지금보다 더 상처받는 일도 많아질 것이다. 그렇다 해도 그 과정을 피하거나 회피하지는 않을 것이다. 이 역시 내가 감당하고 이겨내야 할 몫이고 그 과정에서 배우고 또 성장해갈 것이다.

02
자 생 능 력
사장이 없어도 성장하는 회사

인공위성은 궤도에 진입하기까지 여러 단계를 거친다. 지상에서 발사되면 3단계를 거쳐 기체(비행기의 몸체), 로켓(추진체), 페어일 인공위성으로 분리된다. 그 후 페어일을 굴려서 인공위성이 날개를 피게 된다. 4단계까지 거친 후에야 비로소 궤도에 진입할 수 있다.

나는 회사가 대기권 밖을 향해 나아가는 인공위성과 같은 자세로 성장을 향해 임해야 한다고 생각한다. 회사가 날개를 펼쳐 대기권에 안정적으로 안착할 때까지 리더는 조정석에서 진두지

휘를 해야 한다.

인공위성이 대기권에 안착하기 위한 각 단계에는 많은 변화와 준비가 필요하다. 그간 일했던 모습에서 벗어나 새로운 변화를 받아들이고 전문성을 갖춰야 한다.

이런 변화에 적응하는 것은 쉬운 일이 아니다. 중력에 익숙해져 두 발이 땅에 닿아 있을 때는 편안하고 익숙하다. 하지만 중력을 벗어던지는 순간 몸은 마음대로 움직이지 않는다. 적응이 필요하다.

살아남기 위해서 변해야 한다. '나는 익숙함을 벗어던질 수 있는 사람인가' 스스로 물어야 한다. 준비를 하지 않으면 땅에 남아 있어야 한다. 날 수 없다.

회사는 하늘을 향해 날아가는데 조직의 구성원은 힘듦으로, 따라가지 못하는 스트레스로, 신세한탄으로 변화하지 못하고 남는다면 어떤 방식으로든 스스로를 힘들게 할 것이다.

리더는 질문해야 한다.

"나와 우리 조직이 기회를 잡을 역량이 있을까? 역량이 없는데 억지로 끌고 가다 기회를 놓치는 건 아닌가?"

외부 인재를 영입하는
손쉬운 결정을 하지 않는 이유

이전에 조직이 작고 사업 규모가 작을 때는 직원들이 전문성이 부족해도 열정과 헌신으로 해나갈 수 있다. 하지만 사업 규모가 커지고 업무가 복잡해지면 각 부서가 업무 처리 수준을 향상시키고 무엇보다 전문성을 갖춰야 한다. 그래야 고객사들을 만족시키고 업무 효율성을 개선시켜 성장해나갈 수 있다.

업무의 전문성은 단시간에 갖출 수 있는 것이 아니다. 짧은 시간에 전문성을 끌어올리기란 어렵다. 다소 시간이 걸리더라도 기다려줘야 한다. 이것이 함께하는 구성원에 대한 배려이고 리더의 역할이다.

주변 지인들은 왜 그리 힘든 길을 가느냐고 하루라도 빨리 외부에서 유능한 인재를 채용해 교체하라고 조언한다. 그들의 말대로 외부에서 인재를 영입해 교체하면 업무 효율도 훨씬 향상될 수 있을 것이다.

하지만 그간의 내 경험으로 보면 그런 경우 대부분 위기가 찾아왔을 때 쉽게 떠나버렸다. 단기적으로 좋을지 모르지만 장기적인 관점에서 보면 정답은 아니다. 나는 조금 천천히 가더라도 직원들과 함께 가고 싶다.

직원들 한 명 한 명을 붙잡고 변해야 한다고 설득을 했다. 그 과정에서 변화에 적응하지 못한 직원들은 회사를 떠났다. 창업 초창기부터 함께해온 직원들이 떠날 때는 가슴이 너무 아팠다. 그들은 현장에서부터 온갖 고생을 함께해왔고 수년 동안 희로애락을 함께해온 직원들로 그 누구보다 애사심이 깊었다. 하지만 아무리 애를 써도 안 되는 것은 어쩔 도리가 없었다.

특히 8년 동안 회사의 모든 살림을 도맡아 하던 재무 이사님이 회사를 떠날 때는 너무 슬퍼서 펑펑 울었다. 10년 동안 사업을 해오면서 2번째로 가장 많이 울었던 날이었다. 10년 동안 사업을 하면서 이런 분을 만난 적이 없으며 앞으로도 만나기 쉽지 않을 것이다.

조직에 과감히
메스를 댈 용기

넷플릭스는 창업 초기 회사 매출액이 한화로 약 13억 원이었다. 하지만 2016년 4조 4,000억 원으로 340배 성장했고, 21년 만에 세계 최대 온라인 스트리밍 기업이 됐다. 시가총액은 약 151

조 원을 훌쩍 넘기며 95년 역사의 디즈니(약 176조 원)에 맞먹는다. 이런 막힘 없는 성장의 비결은 무엇일까? 그중 하나는 바로 색다른 조직문화다.

넷플릭스가 사내 조직문화를 정리해둔 '컬처 덱Culture Deck'이라는 문서에는 이런 구절이 있다.

"우리는 스포츠 팀이지 가족이 아니다We're a team, not a family"

공동창업자인 마크 랜돌프가 이끌던 창업 초기만 해도 넷플릭스는 화목하지만 결단력이 부족한 조직이었다. 하지만 헤이스팅스가 경영에 참여하면서 마크 랜돌프를 포함한 직원 40%를 해고했다.

조직에 과감히 메스를 댄 것이다. 회사란 자신의 성장을 위해 실력 있는 구성원이 모인 곳이며, '최고의 보상은 탁월한 동료'라는 게 헤이스팅스의 지론이기 때문이다.

헤이스팅스의 지론처럼 조직은 가족이 아니라 팀이다. 회사는 하나의 스포츠 팀이고 직원 한 사람 한 사람이 프로 선수인 것이다. 감독은 대표, 코치는 임원, 선수는 직원들이다.

팀은 우승을 위해 각자의 포지션에서 제 역할을 다해야 한다. 팀의 우승이 곧 자신의 성장과 성과가 되는 것을 믿고 나가야 한다. 이런 현실을 똑바로 보지 못하고 그저 인간미 넘치는 분위기만을 추구한다면 어떨까? 미래는 그리 밝지 않다.

회사가 홀로
서야 하는 시간

평균적으로 20살 전후로 고등학교를 졸업하고 사회에 진출하거나 대학에 진학하면서 홀로서기를 시작한다. 이때부터는 누군가 나의 일을 대신하거나 도와줄 수 없기에 내가 선택하고 내 길을 걸어가야 한다. 때로는 처음 접해보는 상황이기에 두렵고 도망치고 싶은 마음도 불쑥불쑥 들지만 스스로 힘으로 일어서야 한다.

기업도 마찬가지다. 일정 시간이 지나면 홀로서기를 해야 하는 시기가 찾아온다. 창업 후 회사가 궤도에 오를 때까지는 창업자가 조직의 모든 것을 관장하고, 구성원들 역시 모든 의사결정을 창업자에 의존하게 된다.

하지만 조직의 규모가 커지고 구성원이 수십, 수백 명으로 늘어나면 어떨까? 그때부터는 창업자에 대한 의존도를 줄이고, 조직 내 시스템으로 운영될 수 있어야 한다. 그래야 기업이 오랫동안 영속될 수 있다.

만약 여전히 창업자에 모든 걸 의지한다면 창업자에게 위험이 생기거나 부재 상황이 오면 갈피를 잡지 못해 얼마 지나지 않아 와해될 수밖에 없다.

우리 회사는 창업 후 8년 동안은 영업, 현장, 기술개발, 조직관리 등 거의 모든 영역에서 나의 결정이 필요했다. 회사 내 모든 부서의 크고 작은 의사 결정이 필요한 일들이 나의 결정에 의지하는 것이다. 한마디로 나에 대한 의존도가 지나치게 높았다.

그럴 때마다 한계가 느껴졌다. 이 상태로는 다음 단계를 밟을 수 없다. 회사가 지금보다 성장하려면 시스템으로 움직여야 한다. 내가 자리를 비워도 조직이 움직여야 한다. 나 없이도 조직 스스로 운영될 수 있는 시스템을 갖춰야 한다.

홀로서기를 준비해야 하는 시기가 온 것이다. 우리 회사 내에는 3개의 사업체가 있다. 이 3개의 사업체에 10명의 임원을 영입해 임원 중심으로 조직을 개편했다. 그리고 각 임원에게 파트별 사업계획 수립, 매출판매 전략, 인사/조직관리 등 전반적인 부분을 위임한 후 스스로 계획하고 실행하도록 하고 있다.

사회에 처음 나오면 누구나 새로운 환경이 두렵고 낯선 사람과의 관계가 어렵다. 홀로서기까지 적응해나가는 시간이 필요한 법이다. 우리 조직도 새로운 환경에 적응하려면 일정 시간 연습 시간이 필요했다. 그 훈련을 통해서 차츰 적응해나가고 성장해가는 것이다.

이전에는 의사결정과 지시를 기다리는 모습들이 많았다. 하지 누군가 왜 그리 힘든 길을 가느냐고 하루라도 빨리 외부에서 유능한 인재를 채용해 교체하라고 조언한다. 그들의 말대로 외부에서 인재를 영입해 교체하면 업무 효율도 훨씬 향상될 수 있을 것이다. 하지만 그간의 내 경험으로 보면 그런 경우 대부분 위기가 찾아왔을 때 쉽게 떠나버렸다. 단기적으로 좋을지 모르지만 장기적인 관점에서 보면 정답은 아니다.

만 이제는 각 파트의 중요 의사 결정을 임원들이 하고 실행하니 팀원들 간의 소통도 원활해지고 팀별로 독립성과 실행력이 향상되었다. 나에 대한 의존도가 100%에서 60%까지 줄어들었고 스스로 움직이는 모습들이 결과로도 나타났다. 시행착오를 거듭하면서 그 사이 조금씩 성장해왔던 것이다.

물론 아직도 홀로서기까지는 가야 할 길이 멀다. 앞으로도 더 많은 시행착오를 할 수도 있다. 하지만 이러한 일련의 일들은 우기가 자생력을 갖추어가는 과도기에 벌어지는 성장통이라 생각하니 괴롭지 않다.

03
후 발 주 자
어떻게 차별화할 것인가

인생을 살다 보면 정체기가 찾아온다. 열심히 살아왔지만 현실은 크게 나아지는 것은 없고, 삶에 대한 회의감이 들 때가 있다.

바로 그때가 인생의 변곡점을 맞이해야 할 시점이다. 더 나은 삶을 위해서 변화가 필요한 것이다.

어떤 이는 직업을 바꾸기도 하고, 새로운 곳으로 이사하고, 긴 여행을 다녀오기도 한다. 이러한 시도들이 각자의 인생에 터닝 포인트가 되어 한 단계 도약하는 계기가 된다.

기업 역시 이런 변화가 필요할 시기가 온다. 기업들 중에는 창업 초기의 어려움에서 벗어나 매출이 늘고 자금의 여력이 있는데 성장엔진이 꺼지는 경우가 적지 않다. 왜일까? 현재 상태에 안주하기 때문이다.

기업도 한 사람의 인생과 같다. 살아 움직이는 생명체와 같아서 새로운 성장 동력을 찾지 못하면 점차 약해져 소멸에 이르게 된다.

장수 기업들은 현재 상태에 안주하지 않고, 끊임없이 새로운 성장 동력을 찾아 나선다. 그 과정에서 주기적인 변곡점을 마련해 계속 성장해나간다. 결국 지속적인 성장을 위해서는 적절한 시기에 터닝 포인트가 될 수 있는 변곡점들이 필요하다.

우리 회사에도 그런 시기가 찾아왔다. 23살에 처음 사업을 시작했을 때 내 목표는 장사를 하는 것이 아니었다. 1조 단위 매출의 100년 대계 사업가가 되는 거였다.

창업한 지 7년째에 우리의 매출은 100억, 기업 가치는 400억에 가까워졌다. 7년 전에는 감히 상상할 수도 없었던 결과였지만 매출이 제자리걸음을 할 때면 걱정부터 마음을 짓눌렀다.

'내실이 없어서 회사가 잘못되면 어떡하지'라는 두려움이 엄습해왔기 때문이다. 그럴 때면 잠들 수 없는 밤들을 이겨내기 위한 나와의 싸움이 시작되었다.

실제로 주변 몇몇 기업들 중 사옥은 멋진데 회사가 내실이 없는 속 빈 강정 상태가 되어 망가지는 사례들도 많았다. 겉으로만 요란하고 안은 곪아 있는 회사가 되는 것이다. 그런 회사를 볼 때마다 두려움이 나를 짓눌렀다. 여기서 다음 스텝을 밟지 못하면 이대로 주저앉을 수밖에 없다.

100억 매출에 만족해서는 안 됐다. 그러면 100년 대계 회사는 요원해진다. 더 성장하고 도약하기 위해서는 중요한 변곡점이 필요하다. 만약 여기서 변곡점을 찾지 못한다면 우리는 저성장의 늪에 빠져 쇠퇴할지도 모른다고 생각했다. 한 단계 도약하기 위해서는 회사 내, 외부 여러 분야에서 혁신이 필요했다.

스마트 도시는
미래의 먹거리다

우리 회사 사명처럼 [아이엘사이언스의 아이엘ᴵᴸ은 Infinite(무한한)와 Live(살아있는)에서 따온 약자로 무한한 열정, 무한한 에너지, 무한한 가치를 품은 살아 숨 쉬는 기업이라는 뜻] 무한한 가치를 품고 담대하게 정진해야 했다.

실리콘렌즈는 국내 여러 건설사, 공공기관, 관공서, 대학 등으로 수요처가 점점 늘어나면서 매출이 상승하기 시작했다. 그간 사물인터넷^{IoT}이라는 개념이 생소했지만 2015년 중반 이후부터 사회 전반에 IoT가 확산되면서 고속도로 휴게소, 대형주차장, 톨게이트, 병원 등에 특허 받은 기술들을 기반으로 개발된 스마트 조명, 스마트화장실을 본격적으로 공급해나갔다.

스마트화장실은 화장실 입구에서부터 재실 여부를 확인하고 들어갈 수 있도록 하는 시스템으로, 고속도로 휴게소 40여 곳에 채택됐다. 또한 차량이 진입하면 전체 점등됐다가 차량이 떠나면 자동으로 점멸돼 에너지를 절감할 수 있는 스마트터널, 사람이 지나갈 때만 작동하는 스마트 가로등도 차차 곳곳에 채택되었고, 일반 소비자들을 대상으로 한 스마트 절전 멀티탭 '아이오탭'도 개발되어 상용화를 앞두고 있다.

그리고 숙박 O2O 기업 '야놀자'와 제휴해 사용자 단말기(스마트폰 등)와 연동 가능한 사물인터넷 기반 무인 숙박 통합제어 시스템 기술도 개발했다.

IoT적용 스마트 도시 개발의 선두주자로 나서기 위한 발걸음과 더불어 또 한 번의 변화를 시도했다. 바로 온라인 조명 시장 진출이었다. 이를 위해 아이엘라이팅이라는 회사를 새롭게 설립했다. 그 첫 번째 사업으로 개인 고객을 대상으로 온라인 쇼핑몰 '반짝조명'을 오픈했다.

2015년 퀀텀점프를 위해서 분주하게 움직이던 시절, 주변 지인들과 중국을 다녀오게 되었다. 그곳에서 중국의 온라인 시장의 규모와 성장성을 접하고 깜짝 놀랐다. 언론에서도 자주 접했지만 막상 눈으로 확인하니 모든 것이 놀랍기만 했다. 특히 일반 고객들을 대상으로 하는 온라인플랫폼 회사들이 승승장구하는 모습이 인상적이었다.

B2C 고객을 대상으로 온라인 조명 사업을 시작해야 더 큰 사업 시장으로 나아갈 수 있을 것 같았다. 그간 우리가 해왔던 수주산업은 건설경기나 정부정책에 영향을 많이 받기에 리스크가 굉장히 높았다. 수주 여부가 매우 불투명해 불안하고 초조한 순간들이 많았다. 온라인 쇼핑몰은 이런 수주산업의 한계를 극복해줄 수 있었다.

특히 최근에는 젊은 층을 주축으로 셀프인테리어, DIY인테리어가 트렌드로 부상하고 있었는데, 이때 가장 중요한 아이템이 바로 조명이다. 이후 2개월 넘게 시장 조사를 한 끝에 개인 고객 시장이 크게 활성화될 것이라 판단, 시장 진출을 선언했다.

하지만 이미 시장에는 수많은 조명 쇼핑몰들이 있었고 그들에 비하면 우리는 한참이나 늦은 후발주자였다.

"어떻게 우리 존재를 알릴 수 있을까? 어떻게 차별화를 할까?"

자금이 넉넉하다면 대형 광고나 이벤트를 시도해볼 수 있겠지만 예산이 너무 적었다. 가격과 디자인으로도 차별화가 쉽지 않았다. 온라인에 판매되는 수많은 조명들의 상당수는 대부분 몇몇 대형 공장에서 제작되어 여러 쇼핑몰에 공급되고 있었다. 그러니 가격이나 디자인이 아닌 다른 무언가를 찾아야 했다.

판매자의 입장이 아니라 고객 입장에서 쇼핑몰을 바라보았다. 고객들이 필요한 것, 고객들이 원하는 서비스를 찾아야 했다.

인터넷 쇼핑몰에 수백 개의 조명이 있다. 하지만 고객들은 인터넷을 통해서 선뜻 조명을 구매하기를 주저한다. 이유가 뭘까? 내가 선택한 조명이 과연 우리 집에 잘 어울리는지 확신하기가 어렵기 때문이다. 그렇다면 조명 전문가가 우리 집에 어울리는 조명을 컨설팅해주면 어떨까? 우리는 조명코디네이터가 자신의 집에 가장 적합한 조명을 추천해주는 컨설팅 서비스를 런칭했다.

보통 기업체의 쇼핑몰이라 하면 많은 돈을 투자해서 화려하게 쇼핑몰을 제작한다. 하지만 우리는 외주를 주지 않고 직접 만들어 나갔고 온라인 조명 쇼핑몰 반짝 조명을 런칭했다.

쇼핑몰 런칭 초기에는 주문량이 많지는 않았다. 하지만 시간이 지나면서 조명 컨설팅서비스와 조명 코디네이터가 좋은 반응을 얻으면서 주문량이 점차 늘어났다. 이후 쇼핑몰 운영을 위해 여러 영역에 직원들을 채용해나갔고, 이 사업을 책임지고 맡아

줄 대표를 새로 영입했다. 그렇게 우리의 또 하나의 서비스가 차
츰 자리를 잡아나갔다.

⋮

　창업 초창기 때 회사의 성장을 위해 많은 것
들을 희생해왔다. 그때는 날 새워 일하는 날들
이 부지기수였다. 밤낮없이 전진해서 경쟁회사
와 발주처 회사들이 혀를 두를 만큼 급성장해왔
다. 남들이 일하는 것에 300% 이상씩 일했다
해도 과언이 아니다. 그렇게 해서 얻은 것도 많
지만 잃은 것도 많다.

04

동반 성장

돈이 많은 기업이 건강한 기업은 아니다

가정이든 기업이든 모든 공동체는, 그 공동체를 움직이게 하는 문화가 있다. 이 문화가 건강해야 서로에게 상처를 주지 않고 소통도 잘할 수 있다.

기업 역시 건강한 문화를 가지고 있어야 한다. 그래야 조직 전체가 원하는 꿈과 목표를 이룰 수 있고, 위기상황에도 잘 대처해 나갈 수 있다. 마치 잘 자라나는 나무처럼 말이다. 나무가 높게 자라려면 줄기가 튼튼해야 하고, 줄기가 튼튼하려면 뿌리가 튼튼해야 한다.

기업경영을 나무에 비유하자면 줄기는 리더이고, 가지는 종업원이며 뿌리는 기업문화, 토양은 환경이다. 나무는 뿌리가 튼튼해야 높게 자라는 것처럼, 기업의 문화가 건강해야 지속적으로 성장해나갈 수 있다. 지속적인 성장과 발전을 위해서 건강한 기업문화는 필수인 셈이다.

하버드 경영대학원의 한 조사에 따르면 건강한 조직문화를 가진 기업은 그렇지 않은 기업에 비해 수익은 4배, 주가는 12배, 이윤창출은 750%나 높은 성과를 냈다고 한다. 리더가 신경 써야 할 중요한 부분 중 하나는 건강한 기업문화를 만들어가는 일이다.

어떻게 건강한 기업문화를
만들 수 있을까

오래전부터 행복이라는 단어를 놓고 직원들이 어떻게 하면 더 행복 할 수 있을까를 고민해왔다. 초창기 때부터 꿈꾸어 왔던 회사의 모습은 즐거운 놀이터 같은 회사였다. 그 놀이터에서 구성원들이 일을 통해 행복해하고, 보람 있는 성과를 창출하며, 이를 세상과 함께 나눌 수 있었으면 했다. 이제는 고민하고 준비해왔던 일들을 하나둘 실천에 옮길 때였다.

첫 번째는 일^{work}과 삶^{life}의 균형을 만들어가는 일이다. 워라밸의 궁극적인 목적은 개인과 직장 모두 행복한 삶을 통해 발전해 나가는 것이다.

과거에는 일을 위해서 가정이나 개인의 삶을 무조건 희생했다. 하지만 이제는 많은 구성원들이 급여 외에 근무환경, 기업문화, 기업의 미래비전을 중요하게 여기고 회사 선택의 중요 기준으로 삼고 있다. 이러한 모습에 부응해 우리 역시 조직문화를 대대적으로 혁신해야 한다.

창업 초창기 때, 우리 직원들은 회사의 성장을 위해 자신의 많은 것들을 희생해왔다. 그때는 여러 부서에서 날 새워 일하는 것이 부지기수였다. 특히 현장팀은 추위를 피해 차에서 몸을 녹였다가 일하고 야간 공사까지 일을 쳐내야 했다.

모두가 밤낮없이 전진해서 경쟁회사 및 발주처 회사들이 혀를 두를 만큼 급성장해왔다. 남들이 일하는 것에 300% 이상씩 일했다 해도 과언이 아니다. 하지만 이런 상황이 몇 년간 지속되니 직원들의 피로도는 늘어났고 지쳐갔다. 그로 인해 퇴사인원도 생기고 새로운 인원이 들어와도 퇴사가 반복되었다.

하지만 이제는 과거처럼 직원들의 희생을 강요해서 안 되고 강요할 수도 없다. 각 팀별, 구성원별 업무분장을 확실히 했고, 야간업무를 줄였다.

일과시간에 열심히 일하고 일찍 퇴근하는 조직문화를 만들기 위해 여러 정책을 시행해갔다. 솔선수범을 위해 일부러 내가 먼저 6시 30분 이전에 퇴근했다. 직원들이 다 퇴근하면 사무실에 다시 들어와서 일을 했다. 조금 번거롭고 힘들고 피곤하더라도 문화를 정착시켜야겠다는 생각에서였다.

작은 회사지만 직원들에게 최대한의 복지를 제공하기 위해 법정휴일 15일은 물론 징검다리 휴일과 개인 사유 월차 등 휴일을 보장했다.

즐거운 회사를 만들기 위해 기회가 될 때마다 여러 이벤트를 했다. 언젠가 여름날 무더위에 일을 하는 직원들의 모습이 다들 지쳐 보였다. 지친 심신을 회복시켜줄 수 있는 일이 없을까 고민하다가 직접 마트에 가서 장을 봐서 사옥옥상에서 직원들과 함께 바비큐파티를 열었다. 다들 뜻밖에 마련된 파티에 놀라워했고, 직원들과 함께 고기를 구우며 배부름을 만끽하기도 했다.

크리스마스 전날엔 큰 보따리에 직원들이 좋아할 만한 여러 전자제품들을 가득 넣어 산타복장을 한 채 사무실을 이곳저곳을 방문한다. 비록 비싼 선물은 아니지만 직원들과 여러 선물을 나눠 가지며 마치 어린 시절로 돌아간 듯 기쁨을 만끽한다.

말로만 놀이터 같은 회사를 외치는 것이 아니라, 진심으로 직원들이 회사를 놀이터로 여기고 즐거워 했으면 하고 바랐다.

이런 문화들이 정착되자 조직 분위기도 차츰 달라져 갔다. 이전에 비해 회사에 대한 직원들의 애정과 관심이 늘어났고 이는 곧 실적으로 이어졌다. 회사에 대한 소속감도 훨씬 강해졌다.

우리 회사의 핵심 기술진 중 한 명은 S전자에서 고액의 연봉을 조건으로 스카우트 제의를 받았지만 거절하셨다. 업계에 우리의 문화가 알려지면서 브랜드 인지도도 차츰 생겨서 실력 있는 지원자들이 늘어나면서 인재 영입에 대한 고민을 조금은 줄일 수 있었다. 일련의 모습을 보면서 건강한 조직문화가 얼마나 중요한지를 다시 한 번 깨닫는다.

작은 회사가 할 수 있는 강한 일

유대인의 정신적 지주 역할을 해 온 책 『탈무드』에서는 나눔, 봉사에 관해 이렇게 말한다.

"남을 행복하게 하는 것은 향수를 뿌리는 것과 같다. 뿌리는 자에게도 그 향이 묻어나기 때문이다."

건강한 기업문화를 만들어가기 위한 두 번째 축은 바로 나눔이다. 나눔이란 세상을 향한 사랑의 실천이고 의무라고 생각한다. 또한 나눔을 통해서 우리 모두가 행복해질 수 있다고 믿는다. 나눔은 남을 행복하게 할 뿐 아니라, 우리 자신을 행복하게 하는 일이다. 나 역시 나눔을 실천했을 때 가장 행복했다.

나눔과 봉사는 어려운 일이 아니다. 우리와 가장 가까운 곳에서 시작하면 된다. 기부는 꼭 큰돈을 투척하거나 거창한 지원을 해야만 가치를 가질 수 있는 건 아니다. 사회적 지위가 높고 낮음에 상관없이, 재산이 많고 적음에 관계없이 할 수 있다. 물질적인 것이 아니더라도, 혼자 사시는 어르신을 찾아가 말동무를 해드린다거나 사교육을 받기 힘든 저소득층 학생의 공부를 도와주는 것 역시 가치 있는 나눔의 일부다.

언젠가 TV에서 어느 할머니가 신문을 12시간 모아서 고물상에 갖다드리고 받은 돈 1,000원을 매달 모아, 자기보다 어려운 사람을 도와주라며 기부하는 모습을 봤다. 이처럼 다른 이를 위하고 살피는 마음 자체가 굉장히 귀하고 소중하다.

우리 직원들과 함께 지역사회와 함께할 수 있는 방법들을 알아보고 꾸준히 실천해 나간다. 매월 한 달에 한 번 수정구 노인복지회관에서 정기적으로 봉사활동을 계속해오고 있다. 하대원 도매시장 개장 26주년 기념 1,000포기 김장하기 행사에도 참여하고, 더운 여름에는 하대원동 도매시장 상인들을 위해 커피도 드리고 시원한 미숫가루 100잔을 나눠드리기도 했다.

지역사회소통과 생활체육활성화를 목표로 국내 최대 규모의 반짝조명 배 a1 배드민턴 페스티벌을 개최했다. 이 대회에는 이용대 선수, 김사랑 선수, 고성현 선수, 김기정 선수 등 전·현직 국가대표를 초청해 참가인들과 시범경기를 펼쳤으며, 타임추첨, 반짝마켓, SNS 이벤트 등 다채로운 행사가 어우러져 재미를 더했다. 접속자 폭주로 서버가 마비되는 등 뜨거운 반응을 보이며 조기 마감되었고 실내 배드민턴장이 꽉 찰 정도로 동호회들의 관심이 높았다.

주변에서는 작은 회사가 이런 대회를 왜 개최하는 건지 의아해한다. 대회 개최는 비인기 종목에 대한 관심을 유도하고, 지역민들과 함께 할 수 있는 방법을 고민하다 시작하게 된 작은 이벤트일 뿐이다.

이외에도 가천대학교 장학금 및 재능 기부, 하트펀딩을 통한 조명 기부, 지역의 낙후 조명시설 교체 등 지역사회와의 상생, 발전을 위한 여러 가지 활동을 계속 해나가고 있다. 직원들 반응도 시간이 갈수록 좋아져서 몇 차례 다녀온 후 심경에 변화를 느끼고 더욱 적극적으로 봉사에 동참한다. 말로만 봉사를 외치는 것보다 직접 참여해보며 스스로 더 보람을 느끼는 것이다.

바쁜 삶을 살아가는 와중에 이웃과 더불어 사는 경험들은 인생에 반드시 소중한 양식이 되리라 믿는다. 그 양식 하나하나가 삶의 태도로도 이어져 심금을 강하게 울리는 조직으로 성장하는 데 도움이 되리라 나는 믿는다.

05

미 래
10년 후 무엇이 될 것인가

정치권에서 많이 회자되는 말 중 '화무십일홍花無十日紅'이라는 말이 있다. 아무리 아름다운 꽃도 열흘을 넘기지 못하고, 아무리 막강한 권력이라고 해도 10년을 넘기지 못한다는 의미다. 기업을 이끄는 이들에게 이 말은 많은 것을 생각하게 한다.

한때 잘나가는 기업이라도 영속을 보장받기란 어렵다. 트렌드는 시대나 상황에 따라 항상 변한다. 지난달까지 잘나가던 아이템이 다음 달에도 잘나가리라는 보장은 어디에도 없다. 시장에는 하루에도 수없이 많은 신제품이 쏟아져 나오지만 그중 살아남는 제품은 극소수고, 그 제품의 수명 역시 길어야 2~3년이다.

한때 히트제품으로 시장에 견고히 자리 잡았던 수많은 중소기업들이 이후 트렌드에 발 빠르게 대응하지 못해 결국 몰락의 길을 걷고 말았다.

시장에서 사라지지 않기 위해서는 미래의 먹거리를 지속적으로 고민해야 한다. 특히 중소기업은 하나의 아이템으로 롱런하고 성장하기가 너무 어렵다. 살아남기 위해서는 끊임없이 다양한 것들을 시도해야 한다.

우리 역시 지난 7년 동안 여러 번 아이템에 변화를 주면서 성장해왔다. 다행히 우리가 도전했던 여러 아이템들이 시장에서 호응을 얻었고 전쟁터 같은 살벌한 시장에서 살아남을 수 있었다. 돌아보면 지난 10년 동안 시장에서 살아남기 위해 정신없이 달려왔다.

내 머릿속에는 '다음 먹거리'를 준비해야 한다는 생각이 떠나지 않는다. 기업 현장은 전쟁터를 방불케 할 정도로 생존경쟁이 심각하다. 모두가 승자가 되는 세상이 결코 아니다.

현실에 안주하는 순간 생존이 어렵다. 우리만의 차별화된 상품을 지속적으로 개발해야 계속 살아남을 수 있다.

불평만 하기에는
세상이 너무 빠르다

어느 시대나 또한 어느 세대나 저마다 아픈 사연이 있게 마련이지만, 지금 우리가 살고 있는 상황은 여러모로 독특하다. 주거불안, 직장불안, 노후불안에 시달리는 '3불 시대'에 살고 있다. 포기와 불안, 불평불만이 가득한 시대에 살고 있다.

예전보다 사회에 진출하기까지 학습기간이 더 길어졌고, 경쟁은 더 심해졌으며 너무 빠르게 변하고 있다. 이런 시대에 우리는 어떠한 자세로 살아가야 할까.

공자의 말씀 중에 '인무원려 필유근우人無遠慮 必有近憂'라는 말이 있다. 사람이 멀리 내다보는 생각이 없다면 반드시 가까운 근심이 있게 된다는 뜻으로, 그 원인과 결과를 깊이 살펴보고 장래에 어떤 이해利害가 있을 것인가를 내다보고 염려해야 한다는 말이다. 깊은 생각으로 먼 장래를 헤아리고 미리 준비하라는 뜻으로 해석할 수 있겠다.

공자의 이야기를 읽다 보면 2,500년 전 지혜라고 하기에는 현시대의 우리 상황과 무척 닮아있는 것이 신기하다. 공자가 살았던 혼돈의 춘추전국시대와 우리가 살고 있는 지금의 복잡함이,

변화무쌍한 상황이 크게 다르지 않다고 생각한다.

현대를 살아가는 우리들 역시 멀리 내다보고 계획하고 일을 진행해야 함을 물론 알고 있다. 그러나 막상 세상살이를 하다 보면 눈앞에 주어진 급한 업무들을 처리하다 미래에 대한 준비를 소홀히 하고 미루게 된다. 이런 일이 반복되면서 결국 사회에서 도태될 수밖에 없다.

기업 역시 항상 미래를 준비하지 않으면 안위를 보장받기 어렵다. 불과 5년 전만 해도 4차 산업혁명을 외칠 때 주변에서는 의아해했다. 우리의 행보에 대해서 이해할 수 없다는 반응이었다. 설사 변화를 이해한다 해도 막연해 할 뿐이었다.

지금은 어떠한가. 이제는 4차 산업과 AI, IoT라는 이야기들이 흔하게 들린다. 급변하는 시대에서 살아남기 위해서는 어떻게 살아야 할까?

준비가 없었다면
최연소 신기술 인증도 없었다

내가 새롭게 주목한 분야는 스마트 조명 시장이다. 에너지 절감 그 다음 기술은 뭘까? 나는 앞으로 조명과 사물기기들이 결합되는 융복합 시대가 올 것이라 판단했다.

　과거의 3차 산업시대는 생산의 3대 요소가 '토지, 노동, 자본'이었지만 산업시대의 경제학은 이제 무너졌다. 이제 세상은 지식과 정보 중심의 4차 산업혁명을 맞고 있다. 단순 제조기술만으로는 4차 산업혁명 시대에서 살아남을 수 없다.

　조명 업계 역시 마찬가지다. 조명에 IoT를 접목하면 에너지 절감에 도움이 될 뿐만 아니라 훨씬 더 많은 고부가가치를 창출할 수 있다.

　조명과 IT의 결합은 필연적이라 앞으로 4차 산업혁명 시대가 되면 조명도 모바일 기기로 제어하는 스마트 조명 시기가 올 것이 분명했다. 그러니 그런 융복합 시대를 선점하기 위해서 미리 철저하게 준비하고 계획해야 했다.

　우리는 2008년 태양광 보안등, 가로등 제품을 만드는 조명전문회사로 출발해 2010년 발광다이오드^{LED} 조명 분야에 진출했다. 2015년부터 조명 사업을 넘어 사람과 사물, 공간을 이어주는 사물인터넷^{IoT}으로 사업을 확장했으며, 2016년도에는 온라인 조명 쇼핑몰을 진출하며 O2O로 영역을 넓혀가고 있다.

　지난 10년 동안 우리는 태양광 → LED → 신소재/IoT/O2O 플랫폼 기업으로 진화해왔다. 그 과정에서 첨단 소재인 실리콘으로 렌즈를 개발했으며 이를 통해 원가절감, 공정단축, 광효율을 개선하였고 경량화를 이루어 냈다.

신기술인증^{NET}을 최연소로 획득하는 성과도 거두었다. 이 신기술을 기반으로 경관/세대 조명제품은 물론 TV, 자동차, IT, 바이오, 의료 등 다양한 산업분야로 적용을 확대해 나가고 있다.

4차 산업혁명의 핵심인 사물인터넷 분야에서 특허를 받은 커누스의 무선센서 기술을 기반으로 에너지 절약 및 사용 편의성을 획기적으로 개선했다. 고속도로 휴게실과 대학교의 캠퍼스, 관공서 및 대기업의 사옥, 대형병원, 방송국 등에 공간 맞춤형 스마트 솔루션을 적용해 기술력을 널리 인정받았다.

조명업계는 시장이 작고 굉장히 보수적이고 폐쇄적이다. 새로운 기업이 잘 나타나지도 않고 잘 성장하기도 어렵다. 새로운 기업이 성공적으로 안착하기란 낙타가 바늘귀를 통과하는 것만큼 힘든 일이다. 그런 척박한 시장에서 그간 우리는 이루고자 했던 목표는 포기하지 않고 모두 끝까지 이루어냈다.

하지만 여기에서 만족하기에는 이르다. 지금까지 성과에 안주하지 않고 다가올 또 다른 미래 10년을 준비해야 한다. 무엇보다 4차 산업혁명 시대를 맞이하여 우리는 또 한 번 도약해야 한다.

사람과 사람 사이
관계를 잇는 사업

지식과 정보가 만들어내는 가치가 토지와 자본 같은 눈에 보이는 것을 중시하는 낡은 이론과 경영을 압도하고 있다. 호텔 방한 칸도 없는 '에어비앤비'가 수만 개의 호텔 방을 소유한 세계적인 힐튼호텔 체인의 시가총액을 추월한 지 오래고, 단 한 대의 택시도 갖고 있지 않은 '우버택시'가 지구상에서 가장 큰 택시회사가 되는 세상이다.

인공지능, 사물인터넷, 빅데이터, 3D프린터, 증강현실, 클라우드컴퓨팅 등 가상공간에서 이루어지는 눈부신 기술의 융복합으로 글로벌 세상은 급변하고 있다. 전문가들도 내일 당장 무엇이 어떻게 변할지 전망하지 못하고 있는 것도 사실이다.

4차 산업혁명에서는 초지능^{Super-Intelligence}과 초연결^{Hyper-Connectivity}이 중요 키워드가 될 것이다. 이 2가지는 4차 산업혁명을 일으키는 기반이자 가장 중요한 두 축이라 하겠다. 초지능은 인공지능과 빅데이터 기술에 기반을 둔 것으로 말 그대로 초월적인 지능을 의미한다. 이질적인 존재인 기계가 특정 분야 혹은 모든 분야에서 인간과 비슷하거나 우월한 수준으로 지능을 가지게 되는 것을 의미한다. 예를 들어 바둑계를 떠들썩하게 하며 바둑 최강 자로 우뚝 선 '알파고'의 사례나, AI 인공지능 의사 '왓슨', 현실화 문턱에 있는 자율 자동차의 인공지능이 대표적인 예다.

초지능이 4차 산업혁명에서 무엇보다 중요한 이유는 초지능을 통해서 거의 전 산업 분야에 이전과는 비교할 수 없는 엄청난 발전이 일어날 가능성이 농후하기 때문이다. 각 분야의 기술적 발전을 담당하는 것은 물론이고, 이전까지 인간이 맡던 일을 대체할 수 있게 함으로써 산업구조, 더 나아가서 인간 사회의 구조에 많은 영향을 미칠 것이다.

또한 초연결은 사람과 사람, 사람과 사물 사이의 연결을 넘어서 사물과 사물 사이에도 유기적인 연결이 확대되고, 거대한 정보가 유통됨에 따라 이전과는 다른 양상의 사회와 산업구조가 나타나게 되었다. 빅데이터에 기반한 개인 맞춤형 서비스나 스마트 공장이 등장하는 것이 대표적인 예라 할 수 있다.

인공지능과 빅데이터, 사물인터넷 등의 기술을 중심으로 초연결과 초지능이 이루어져 사회경제적으로 거대한 변화가 일어날 것이다. 초연결과 초지능이라는 두 특성과 이를 뒷받침하는 여러 최신기술을 통해서 사회의 전 분야는 이전과 비교할 수 없을 정도로 광범위하고 급격하게 발전하고 또 변화할 것이다.

기업환경에도 변화가 필요하다. 기업이 앞으로도 준비하고 혁신해야 할 자세는 조직문화에 대한 관점이다. 일하는 방식과 인사관리체계, 리더십 등 모든 분야에서 유연성과 적응성을 강조하는 구조로 전환해야 한다.

특히 리더는 지시자가 아닌 조율자로서 또 조직문화의 설계자로서 역할을 효과적으로 수행해야 한다. 과거의 위계적 조직이 명령과 통제에 기반해 사람을 관리했다면 앞으로는 창의적인 기업환경을 만들고 신뢰와 자율에 기반하는 조직으로 변해야 할 것이다. 사람과 사람의 관계, 역할, 규칙을 강화함으로써 협업의 질을 높이고 상사[Boss] 중시의 조직문화 관성으로부터 탈피하기 위한 기반을 마련해야 한다.

4차 산업혁명으로 삶의 현장에서 맞이하는 여러 변화는 예측이 어려울 정도다. 이런 변화에 적응하지 못하면 우리 기업 역시 패자로 남을 수밖에 없다.

우리의 미션은 '신소재와 IT로 에너지를 혁신해 인류의 미래를 밝히는 기업'이고 비전은 '글로벌 스마트 에너지 이노베이터Global Smart Energy Innovator'다. 즉 단순 LED조명 기업이 아니라 신소재와 IoT로 에너지를 혁신하고 미래를 밝히는 글로벌 기업으로 도약해 나가자는 염원을 담고 있다.

탈원전 이슈는 물론, 지구 온난화 현상으로 미래에는 폭염과

혹한이 잦아 에너지에 대한 관심이 더욱 높아질 것이다. 스마트 에너지 관련 기술과 제품을 지속 개발하여 이러한 시대적, 사회적 소명에 부응하는 혁신기업이 되고자 노력할 것이다. 또한 에너지 절감을 극대화시킬 수 있는 신기술을 개발하여 에너지 절감에 앞장서는 기업이 되고 싶다.

신기술개발은 창조적인 일들로 0에서 1 즉, 무에서 유를 창조하는 일이다. 신기술개발과 세상에 없었던 제품 개발은 투자비용이 많이 들어가면서 당장에는 이익이 나오지 않는 일들로 끈기와 사명감이 필요로 하는 어려운 과정들이다. 하지만 우리는 앞으로도 R&D 투자를 꾸준히 할 것이며, 다양한 첨단 신소재를 활용해 에너지 효율 및 성능을 혁신해나갈 것이다.

인생의 가장 큰 영광은 결코 넘어지지 않는 데 있는 것이 아니라

넘어질 때마다 일어서는 데 있다.

거기에 삶의 가장 큰 영광이 존재한다.

_넬슨 만델라(Nelson Mandela, 인권운동가 · 정치인)

나는 성공보다 성장을 꿈꾼다

주위에 많은 분들이 저에게 에너지가 참 많은 사람이라 말합니다. 지금껏 쉽지 않은 순간들을 지나왔지만, 고비 고비마다 저를 붙들어 맨 가장 큰 에너지는 간절함이었습니다.

어려서부터 부족한 환경에서 성장했던 저는 그 누구보다 삶에 대해 절박했습니다. 부족함이 너무나 컸기에 창업 초기였던 대학생 때는 겁 없는 도전과 열정으로 똘똘 뭉쳐 잘 몰라도 일단 부딪쳐 보며 조금씩 채우고 배워나갔습니다.

이후 조직이 커가며 저 자신도 자라왔지만 두려움은 늘 곁을

지켰습니다. 사업 초기에는 돈 없는 가난이, 급여를 줄 수 없는 내일이 두려웠다면 이제는 목표 달성과 성장에 대한 압박에 짓눌려 두려웠습니다. 내 안에서 요동치는 수십 가지 복잡한 감정의 소용돌이 속에서 마음을 다잡으며 조금씩 앞으로 전진해왔습니다.

간절함이 있었기에 10년 동안 지지치 않고 달릴 수 있었습니다. 이제 33세의 나이이기에 긴 세월을 살아온 것은 아니지만, 감히 인생의 깊이에 관해 이야기를 해보자면, 인생이란 어떤 목표와 일을 이루고자 하는 간절함의 깊이에 따라 결과가 달라지는 듯합니다. 그 목표를 이루기 위해 자신이 가진 모든 힘을 쏟아 부을 것임에 틀림없기 때문입니다.

저를 지탱해준 에너지의 또 다른 원천은 함께하는 사람들입니다. 23세에 창업한 이후로 지금까지 지난 10년을 돌아보면 모든 일들이 도전이었습니다. 힘든 순간들마다 서로를 다독이며 위기를 넘겨왔고 그 과정에서 곁에 있는 사람들과 전우애마저 느껴졌습니다. 지금 우리 회사의 모습은 직원들과 함께 흘린 땀과 노력의 결과물입니다. 그들이 있었기에 오늘날의 우리 회사도 있을 수 있습니다.

파울로 코엘료의 『흐르는 강물처럼』이라는 책에는 이런 구절이 등장합니다.

"제 아무리 맹렬히 타오르던 석탄도 불에서 꺼내지면 결국 꺼지고 맙니다. 제 아무리 영리한 사람이라도 형제들 사이에서 멀어지는 순간 온기와 불꽃을 잃게 됩니다."

회사 역시 이와 마찬가지입니다. 저 혼자의 힘만으로는 온기와 불꽃을 유지하기 어려웠을 것입니다. 동료들과 함께했기에 온기도 열정도 꺼지지 않고 유지할 수 있었습니다. 우리는 서로에게 큰 힘을 주는 소중한 에너지입니다. 부족한 저와 함께 해주는 IL식구들 모두 고맙고 감사합니다. 그간에 IL사이언스의 성장을 위해 노력해주신 옛 임직원 분들께도 진심으로 감사드립니다. 지금까지 성장할 수 있도록 물심양면 도와주시고 응원해주신 모든 분들께 감사드립니다.

언제 어떠한 순간에도 항상 내 편이 되어준 가족들에도 이 자리를 빌어 감사의 마음을 전하고 싶습니다. 불안한 시기마다 평정심을 가질 수 있었던 것은 가족의 힘 덕분이었습니다. 불우한 상황 속에서도 어머니를 보면서 저 스스로를 가다듬었습니다. 어머니에게 부끄럽지 않고 싶었기에 더욱 열심히 달려왔습니다. 오늘 이 순간까지 있도록 해주신 어머니, 존경하고 사랑하고 감사합니다. 힘들 때마다 어머니께서 제게 몸소 보여주신 삶의 태도를 되새기며 더욱 열심히 살겠습니다. 항상 곁을 지켜주고 있는 아내에게도 고마움을 전하고 싶습니다. 오랜 시간 동안 저의

빈자리를 채워주며 신뢰하고 믿어주었습니다. 만약 아내의 믿음이 없었다면 힘든 시간을 견뎌내지 못했을 것입니다.

주변에서는 저를 두고 성공한 청년 사업가라 말합니다. 누군가의 눈에는 짧은 시간 동안 많은 계단을 올라온 성공한 사람일 수도, 또 누군가에게는 또 하나의 성공 스토리로 비춰질 수도 있으리라 생각합니다.

저는 단 한 번도 성공을 이뤘다고 생각해본 적이 없습니다. 감히 성공이라는 단어를 말하기엔 가야 할 길이 멀기만 합니다. 아직도 잠들기 전이면 불안합니다. 뒤를 돌아보면 많이 올라온 것 같지만 앞을 올려다보면 가야 할 곳이 높기만 합니다. 하지만 어릴 적 고생하던 때를 생각하면 '이 정도쯤이야' 하는 마음으로 각오를 다지고 있습니다.

지금의 저는 성공한 CEO분들에 비하면 철학도 신념도 많이 부족합니다. 10년 동안 사업을 해오고 있지만 힘든 일은 여전히 많고, 감당하기에 벅찬 순간들도 계속해서 찾아옵니다. 하지만 어느 순간부터는 두렵기보다는 기대되고 설렙니다. 과거에 비해 마음의 근육이 단단해진 듯합니다.

매일매일 꾸준히 하는 사람보다 무서운 건 없기에 하루 한 발자국씩 올라가려 합니다. 큰 산은 오래 걸리고, 작은 산은 적게

걸릴 것이지만 언젠가는 도달하게 될 테니까요. 꾸준히, 매일매일, 조금씩 전진해간다면 정상에 오를 수 있으리라 생각합니다.

고난은 성장의 기회라 믿습니다. 반드시 해내겠다는 마음으로 임한다면 반드시 더 좋은 일들이 많이 생길 거라 확신합니다. 도전을 하는 사람이 기어코 원하는 바를 이루어 내는 것이야말로 세상의 이치일 테니까요. 지난 10년을 뒤로 하고 더 큰 도전을 향해 나아갈 것입니다. 성장을 넘어 혁신을 일구고 창조적 가치를 만들어 갈 것입니다. 변화를 거듭하며 진화해온 시간을 돌아보면 앞으로 펼쳐질 여정이 더욱 기대가 됩니다. 또 다시 승부를 걸어봅니다.

송성근

14억 빚에서 500억 CEO가 될 수 있었던 비결

왜 나는 사업부터 배웠는가

초판 1쇄 발행 2018년 11월 30일
초판 3쇄 발행 2019년 1월 18일

지은이 송성근
펴낸이 김선식

경영총괄 김은영
기획편집 봉선미 **크로스교정** 이호빈 **디자인** 김누 **책임마케터** 최혜령
콘텐츠개발5팀장 이호빈 **콘텐츠개발5팀** 봉선미, 양예주, 김누
마케팅본부 이주화, 정명찬, 최혜령, 이고은, 이유진, 허윤선, 김은지, 박태준, 배시영, 기명리
저작권팀 최하나, 추숙영
경영관리본부 허대우, 임해랑, 윤이경, 김민아, 권송이, 김재경, 최완규, 손영은, 김지영, 이우철
외부스태프 본문디자인 이인희

펴낸곳 다산북스 **출판등록** 2005년 12월 23일 제313-2005-00277호
주소 경기도 파주시 회동길 357, 3층
전화 02-704-1724
팩스 02-703-2219 **이메일** dasanbooks@dasanbooks.com
홈페이지 www.dasanbooks.com **블로그** blog.naver.com/dasan_books
종이 (주)한솔피앤에스 **출력·인쇄** (주)민언프린텍

ISBN 979-11-306-1987-3 (03320)

다산북스(DASANBOOKS)는 독자 여러분의 책에 관한 아이디어와 원고 투고를 기쁜 마음으로 기다리고 있습니다.
책 출간을 원하는 아이디어가 있으신 분은 이메일 dasanbooks@dasanbooks.com 또는 다산북스 홈페이지 '투고원고'란으로
간단한 개요와 취지, 연락처 등을 보내주세요. 머뭇거리지 말고 문을 두드리세요.